営業は「自己暗示」でうまくいく

中島英樹

あさ出版

釈迦はあるとき、弟子たちにこんな質問をされました。

「世の中の道は、石や木切れが落ちていて歩くのに危険である。どうすればよいか？」

弟子たちは、しばらく相談し、１人が代表する形で答えました。

「人間の歩く道をすべて、シカの皮で覆うといいのではないでしょうか」

たしかに、それなら楽に道を歩けます。それも一案です。
しかし、釈迦は言われました。

「考えてごらん。
世の中の道をすべてシカの皮で覆うことは、まず不可能である。
それより、人間の足をシカの皮で覆ったほうがよい。
そのほうが、実現性がある」

はじめに

私はこれまで、さまざまな悩みを抱えた多くの営業マンから、次のような相談を受けてきました。


「自分は営業に向いていないのではないか？」

「結局いつも断られる」

「すべてを数字で判断されているような気がして、つらい……」

「訪問先がなくて、毎日、ただ歩き回っているだけ」

「1日中、電話してもアポイントをとることができない」

「もったいないなあ」と。


このような相談を受けると、いつも私は思うのです。

「自分は営業に向いていないのではないか？」

この問いに対して、私はいつも、こう答えます。

「今、あなたが営業の仕事を何とかしたいと思っているのなら、あなたは絶対に営業に向いています」

ここで、疑問が生じた方もいるのではないでしょうか。

「営業に向いているのに、なぜ結果が出ないのか」と。

その答えは、とてもシンプルです。


間違った営業をしているから。

間違った方向に努力をしているから。


相談に来られる方に、こうお伝えすると、彼らは必ずと言っていいほど次のように言います。

「そんなことはない。一生懸命教わったとおりにやっている」と。

でも、それこそが間違いの原因なのです。

間違った営業の方法を、それが「営業の仕事だ」と、上司や周囲の人、本やインターネットなどの情報によって信じ込まされているのです。

「そんなはずはない……」と思うかもしれませんが、あなたが今、営業という仕事について悩み、この本を手に取ったということは、あなたにとって「間違った営業」をしている何よりの証なのです。

「間違った営業」とは、あなたが「苦しい」「つらい」「耐えられない」と感じていること、すべてです。

この先、「苦しい」「つらい」「耐えられない」と感じていることを頑張って続けたとしても、あなたが得られるものは「苦しみ」だけでしょう。

上司や先輩がそのやり方で、どんなに結果を出していたとしても関係ありません。

なぜなら、あなた自身が望んでいない営業マンになろうとしているのですから。

先日お会いした25歳の女性は、大学時代からアルバイトをしていた会社に正社員として採用され、営業職を任されることになりました。業務内容は毎日8時間、テレアポをやり続けるというものでした。

20人ほどいた同僚は、月を追うごとにどんどん辞め、代わりに新しい人が入ってきては、また辞めていきました。それでも彼女は希望を失わず、「1年間は続けよう」と頑張りました。でも、1年経っても状況は変わりませんでした。

ある日、アポイントがとれた訪問先から帰ってくるなり、「2時間も何をしていたんだ！　テレアポの件数が足りていないじゃないか」と指導員に怒鳴られました。

驚きのあまり、すぐに謝った彼女でしたが、それ以降、アポイントがとれても、契約がとれても、うれしくなくなってしまい、とうとう退職してしまいました。

「頑張っても頑張っても、全然ほめられない。私はダメなんだと思います。本当につらかった」

当時のことを、彼女は泣きながら話してくれました。

実は、こうした悩みを持つ営業マンは少なくありません。

契約をとるために頑張って頑張って、契約をとった後も次の契約のために頑張って頑張って――。「頑張らなければ営業はできない」。そう思い込んでいる営業マンと、これまで数多く出会ってきました。

彼らに共通していることは、頑張って契約をとっても幸せを感じられていないことです。

正しい営業を学び、自分の才能を活かした営業ができていたら、すばらしい営業人生を送っているはずなのに、本当にもったいないことです。

10年以上もの間、営業でトップだった私は、在職時から営業の仕方について相談を受けることが多くありました。そこで、12年前に営業コンサルタントとして独立。これまで3000人以上の悩める営業マンの相談を受け、悩みを解決してきました。

しかし、常に順風満帆だったわけではありません。とくに相談を受け始めた当初は、悩んでばかりでした。なぜなら、営業はテクニックだけでうまくいくものではなく、心の状態や思考も大きく影響するからです。

「営業のやり方は千差万別。1人ひとり、一軒一軒、同行訪問でもしないかぎり、彼らの営業成績を上げることはできない」

私はそう思い込み、指導に励みましたが、結果に結びつくことなく、焦るばかりでした。

そんな私を一変させたのが、本書で紹介している「自己暗示」です。

トップセールスの技法と営業経験の共有に加え、自己暗示を伝えるようになったとたん、相談者たち（クライアント）が変わり始めたのです。彼らの中に眠っていた才能が引き出され、心や思考に変化が起きていることが、手に取るようにわかりました。

そこで、自己暗示を取り入れたメソッドでの指導に切り替えたところ、誰もが、驚くほど簡単に営業力を上げていきました。

彼らはテクニックを身につけたことで、お客様の心を変えられるようになったのではありません。お釈迦様が説かれていた、シカの皮で自分の足を覆ったことで、つまり、自己暗示の力を使ったことで、自信がつき、いつでもどこでも自分の望む本当の営業力を発揮することができ、それに伴い、結果が変わっていったのです。

ある営業マンは涙を流して言いました。

「自分の本当にやりたいことがわかりました。先生にしっかりと話すことができて本当によかった。これからは自信を持って前に進めます」

それを聞いて、私も胸が熱くなったことを昨日のことのように思い出します。本書を手に取ってくださったあなたからも、そんな話を聞かせてほしいと思っています。

これから、自分が望む営業をしていきながら、最高の結果を残すための方法をみなさんにお伝えしていきます。

私からあなたへ贈る秘伝の技法は「自己暗示」です。

これで、あなたの営業は変わります。あなたの仕事人生は激変します。

２０２１年５月

中島　英樹

第1章

営業の仕事に特別なセンスは必要ない

Contents

第2章 自己暗示は営業の才能を引き出すスイッチ

第3章

自己暗示を使えば営業成績は格段に上がる

Contents

第4章

潜在意識と三つのアイテムで成果を上げる

第5章

実践！　シチュエーション別　自己暗示メソッド

第1章

営業の仕事に特別なセンスは必要ない

01 営業職に選ばれた時点で、あなたには営業の才能がある

なかなか結果が出ないことから、「自分は営業に向いていない」とあきらめたり、挫折したりする人が少なくありません。

ノルマを達成できず、周りから「できないヤツ」というレッテルを貼られ、ますます自信を失い、営業の現場を去っていく……。そうした人を見るたびに、私は「それは、とてももったいない」と感じます。なぜなら、会社から営業職に選ばれた時点で、その人には営業の才能があるということだからです。

会社は、営業にまったく向いていない人を採用したり、配置したりはしません。会社として利益を出さなければいけないのですから。

会社から見込まれたからこそ、

今、あなたの目の前に営業の仕事があるのです。

そう言われても、「実際に営業成績を上げられていないから……」と、あなたは戸惑うかもしれません。「才能があるのに発揮できないなんて」と、自分を信じられなくなってきて、悔しくて、自分を責めて、落ち込んでしまうこともあるでしょう。

でも、これまで営業がうまくいかなかったのは、あなたの責任ではありません。

私のところには多くの悩める営業担当者（以下、営業マンとします）が相談にいらっしゃるのですが、才能を発揮できない理由には大きく次の二つがあります。

1　そもそも、営業を学ぶ機会を与えられていなかった
2　間違った営業認識を与えられていた

学校の授業で、営業について学んだことのある人は、そうそういないでしょう。おそらく会社に入ってからも、成果が上がるための特別な研修を受けることも、売れ続けている上司の同行訪問を心ゆくまでさせてもらったこともないのではないでしょうか。

見本となる営業マンに出会ったことのない人もいるかもしれません。もしかしたら、見本となる人の真似をしたのに、うまくいかなかったかもしれません。

そんなあなたに「正しい営業認識」と言っても、「それ、何?」と戸惑ってしまうのは無理もないことです。

では、そもそも営業とは、どういう仕事なのでしょうか。

・商品を売る仕事
・相手を説得する仕事
・アポイントをとる仕事
・既存のお客様の御用聞き
・商品やサービスを説明する仕事
・相手の悩みや不安を聴いて解決する仕事　など

答えはそれぞれ違うでしょう。

みなさんにお伝えしたいことがあります。それは、営業は「つらい仕事」ではないということです。「苦しい仕事」でもなく、忍耐強さも努力しすぎる必要もありません。

もし、あなたが営業の仕事を苦しいものだと感じているのなら、それはどこかで誰かから間違った営業認識を与えられたからです。

では、本当の営業の仕事とは何でしょうか。

「あなたの夢を叶えるための礎《いしずえ》となる仕事」です。

顧客からきついことを言われたり、知識や経験が不足していて失敗してしまったり、つらい体験をしたこともあるでしょう。でも、これらはあなたの夢を叶えるための必要なプロセスであり、大切な栄養なのです。

そのためにもまずは、「本当の営業の仕事」を心にインストールし直していきましょう。

次の三つが、あなたがこれからやるべき仕事です。

・やっていて楽しい仕事
・ずっと継続していきたい仕事

・自分が好きなこと、得意なことを活かせる仕事

つらいことをし続けていても、つらい結果しか出てきません。
雑草をいくら植えても、ひまわりの花が咲かないのと同じです。
営業の仕事を楽しいことに切り替えることで、楽しい結果が生まれるのです。

02 自己暗示は、やればやっただけ効果が出る

あなたには営業の才能があります。

そう言われても、「ピンとこない」「そんな気にはなれない」という声が聞こえてきそうです。

そもそも、「事務職よりも営業職のほうがいい給料だったから選んだだけ」「正社員として配属された先がたまたま営業職だった」という人もいるでしょう。

そんな自分に「才能なんてあるわけがない」と思うかもしれません。

でも、今、あなたは営業の仕事をしている、それが事実です。成績が出ないのは、その才能が開花していないだけなのです。

「営業は自信が9割」です。

その自信を支えるのが、「自己暗示」です。

「営業がうまくいかない」という悩みに適切に答えることができずに悩んでいた私は、日本一の催眠術師であるメンターと出会い、そこから2年間、みっちりと心理技術を学びました。

さらに、上級催眠療法をマンツーマンで指導を受けたところ、あることに気がついたのです。

それは、「私が営業で成功していたときの心の状態」と「自己暗示によってつくられる心の超集中状態」が同じであるということでした。

さっそく私は、営業コンサルティングの現場に「自己暗示」のメソッドを取り入れてみました。すると、みるみる営業マンたちが変わり始めました。さまざまな営業マンの悩みが、自己暗示だけで一気に解決できることがわかったのです。

自己暗示を活用することで、さまざまな営業マンの悩みを解決できた理由は、主に次の三つです。

1　営業マン自身が自分の能力に気がつくことができた
2　平静な心を取り戻して前向きになれた
3　目の前の行動に超集中できた

自分の能力に気づき、好き・得意な行動に没頭すると、成果は自然と出てきます。そして、人は、成果が出ると、「おもしろい」と感じる性質を持っています。

つまり、自己暗示を使ったことで、働くことが「好き」に変わったのです。

もしかすると、「催眠を応用するなんてあやしい」「他人を操ることなんてしたくない」「催眠にかかって解けなくなったらどうすればいいのか不安」と心配になるかもしれません。

ですが、本書でお伝えする自己暗示は、他人を操る手段ではありません。自分を変えるメソッドです。「魔法」ととらえていただいてもいいでしょう。

自己暗示は、薬と違って副作用がありません。あなたが発する言葉が、あなたの心にじわじわと沁み、効果を発揮します。

他人に暗示をかけられるのは嫌でしょうが、自分の言葉なら怖くはないでしょう。

自己暗示は、日々、いつでもどこでも、やればやっただけ、確実に効果が現れます。

本書を読み終わる頃には、「与えられた営業目標なんて簡単に達成できるよ」とあなたは断言していることでしょう。

03 営業にセンスが必要ない理由

私のところに学びに来られる方々に、「営業マンに必要なものは何だと思いますか？」と質問すると、たいていの人が次のように答えます。

「話し上手である」
「聞き上手である」
「明るく快活である」など。

そして、「でも、自分には営業マンとして必要なセンスがない。だから、うまくいかないんです」と続きます。

たしかに、自分が結果を出せない横でスマートに営業の仕事をし、成績を出している人を見ると、営業センスの塊のように思えるかもしれません。もしかしたら、上司や先輩に「君には営業センスがない」と言われたことがある人もいるかもしれません。

実は、営業にセンスは必要ありません。そもそも、「営業センス」などというものはないのです。

あなたの周りのうまくいっている営業マンをよく見てみてください。

みんながみんな、同じ営業スタイルではないはずです。あなたより話し下手な人もいれば、聞き下手な人もいれば、おもしろみのない人もいるのではないでしょうか。

センスの有無が関係ないことがわかるでしょう。

「営業にはセンスが必要だ」と思ってしまうのは、他人から間違った暗示をすり込まれているからです。

「こうすれば成果が出るようになる」「あれをしている人は、みんな営業がうまくいっている」などと、上司や先輩などに何度も聞かされているうちに、「こんなにうまくいかないのは、自分にセンスがないからだ。そんな自分は営業に向いていない」と思い込むようになり、自分で自分に誤った暗示をかけ続けてしまっているのです。

誤った暗示は、さまざまな可能性を奪うとても厄介なものです。

私は幼い頃、水泳が大の苦手でした。顔を水につけるのがとにかく嫌で、水泳の授業は苦痛以外の何ものでもありませんでした。25メートルを泳がなければいけないと言われても、それはできない相談だと、途方に暮れるばかりでした。

ところが友人はセンスの塊で、最初は顔を水につける練習を私と一緒にやっていたのに、いつの間にか隣からいなくなり、プールの逆サイドで息継ぎの練習をしていました。そうかと思うと、5メートル、10メートルと泳げるようになっていき、もう友人であることさえ忘れられてしまうのではないか、と思ってしまうほどの上達を遂げたのです。

そんな友人に圧倒されながら、それでも顔をつけることすらできない私は、先生の指導どおりに泳ぎの練習をすることもできず、「彼と自分は違うんだ。自分は水泳に向いていないんだ」と、次第にプールに近づくことさえしなくなり、5メートルすら泳げないまま、時だけが過ぎていったのです。

実は、悩んでいる営業マンの多くが、このような状態にいます。センスがなければダメだという思い込みにとらわれてしまっているのです。

では、どうすればいいのか？

あなたが好きなこと、得意なことを営業に活かせばいいのです。

さて、私の水泳の話には続きがあります。

大学生になった私は、友人とプールに遊びに行くことになりました。水をかけ合って遊ぶことならやってみたいと思ったのです。

楽しく遊んでいるうちに、顔を水につけないよう何気なく仰向けになって、プールに浮かんでみました。すると、友人が不思議そうな顔をして私のマネをしはじめたのです。その姿が、あまりに不格好で滑稽で、「浮くだけなのに、そんなに難しいのかなあ？」と不思議に思いました。そして、気づいたのです。

顔をつけたら泳げないけれど、
仰向けでプカプカ浮かぶことは人より得意なんだ！

そこで、試しにクロールではなく背泳ぎをしてみたら上手に泳げてしまったのです。

私が泳げなかった理由は、先生による「顔をつけて泳がなくてはいけない」という暗示のせいだったのです。

営業という仕事はとてもシンプルで、どんなやり方であっても結果を出せば、いい営業マンになることができます（もちろん、周りに迷惑をかけるのはダメですが）。

あなたの好きなこと、得意なことをして成績を上げても、嫌なことを我慢して成績を出しても、結果は一緒。それが営業という仕事のおもしろいところです。

なのに、誤った暗示を自分にかけてしまうことによって、身動きがとれなくなってしまっている営業マンは少なくありません。本当にもったいないことです。

営業ができるようになるのに、いわゆるセンスは必要ありません。本来の営業の役割を果たせる方法は人それぞれ千差万別。あなたはあなたの好きなこと、人よりも得意なことで営業すればいいのです。

間違った暗示を解いて、正しい暗示をインストールし直しましょう。それによって、あなたの好きなこと、得意なことに気がつき、自分が楽しめて、お客様もよろこび、世の中に貢献できる営業が持つ本来の役割を果たしたい、という気持ちに立ち返れば、結果も爆発的に出るようになります。

今あるあなたの才能や能力の活かし方次第で、成績はグンと変わるのです。

04 大事なのは、本当の問題を聴き出すこと

営業がうまくいかないことを上司や先輩、同僚などに相談したことがある人は多いでしょう。

その時受けたアドバイスを「いいアドバイスだ」と思って実際にやってみると、ちっとも効果が上がらなかったり、ダメなところばかりを指摘され、より落ち込んでしまったりといった経験もあるかもしれません。

なぜ、こんなことになってしまうのでしょうか。

それは、相手があなたの本当の問題を理解できなかったからです。そのため、あなたにとってベストな結果につながらなかったというわけです。

たとえば、次のようなアドバイスを受けたことはありませんか。

「テレアポの数が足りていないから成果を出せないんだよ」

「飛び込み営業をする勇気が出ない？　だから、面談できる人数が足りないんだ」

「そもそも、キミは営業に向いていないのではないか」

でも、よく考えてみてください。

テレアポの数が増えたら成果は上がるのでしょうか？

飛び込み営業ができれば、面談できる相手が増えるのでしょうか？

営業の向き不向きを、その人が決められるものなのでしょうか？

落ち着いて考えると、おかしな話ばかりです。

トップ営業の人たちは必ずしもテレアポの達人ではありません。飛び込み営業が苦手でも、結果を出している人は大勢います。

よかれと思ってしてくれたアドバイスであっても、問題の本質が理解できていないと正しいアドバイスにはならないのです。


言い換えると、お客様の本当の問題に気づくことができれば、営業はうまくいくということです。１００パーセント達成できるといってもいいでしょう。なぜなら、問題が解決すれば、心からあなたに感謝し、信頼してくれるからです。感動してくれる人すらいるでしょう。

人は誰しも何かしらの問題や悩みを抱えて生きています。本人にとっては、どれも切実な問題で、解決したいと願っています。

でもだからといって、営業マンであるあなたに、最初から本音を話してくれることはないでしょう。

では、どうすればいいのでしょうか。

実はそんなに難しいことではありません。あなたが今持っている能力「興味を持つ力」で、簡単に解決できるからです。

一心に、相手に興味を持つ。
そのうえで、一心に相手の話を聴くこと。
ただそれだけです。

あなたはもともと持っている能力を、「自己暗示」を使って引き出せばいいだけなのです。

05 顧客の悩みを聴き出すには「一点集中の法則」を使う

自己暗示のメソッドをさらに理解するために、その歴史や技法などについて簡単にお話ししておきます。

自己暗示法の歴史はかなり古く、1857年にフランスで生まれた、エミール・クーエによって生み出されました。彼の教えは、のちに多くの自己啓発の大家たちに引き継がれていくのですが、実はとてもシンプルなもので、「カタレプシー」というただ一つの催眠技法を使ったものでした。

カタレプシーとは、ろう人形のように固まる、という意味です。

クーエは、「手が固まって動かせなくなる」という暗示だけで多くの精神病患者の治療にあたりました。なぜ、カタレプシーだけで患者のあらゆる問題を解決することができたのかというと、この暗示によって患者の意識と無意識が向かう先を一致させることができたからです。これを「一点集中の法則」といいます（詳しくは第2章）。

「一点集中の法則」が働くと、患者の意識は「自分の手は固まって動かない」と決めます。同時に、無意識でも「自分の手は固まって動くはずがない」と決めます。

二つの心の機能が同じ目的である一点に向かうことで、患者は集中を超えた超集中状態となり、「もう絶対に、自分の手を動かすことはできない」と決め込んでしまうのです。

このときの患者には、何の雑念もよぎりません。クーエはこの状態を患者に体感させることで、患者のあらゆる迷いや雑念、不安を取り除いていきました。

一方、患者も「どんな悩みでも、一つのことに集中すれば消えてなくなるのだ」ということに気づき、雑念が心に入り込む余地がなくなると、悩みや苦しみ、悲しみが簡単に吹き飛ばせることを悟ります。

この「一点集中の法則」を活用することで、あなたも集中を超えた超集中状態（一点集中状態）に入ることとなり、営業の仕事の効果が大きく変わります。

たとえば、猛進するほど集中して相手の声を聴くことができます。雑念などが入る余地もありません。そうすると、相手が発する言葉だけでなく、しぐさや表情、声からさまざまな情報を受け取ることができ、相手の本当の問題、それも、本人さえも気づいていなかった本当の問題を知ることができるのです。

一点集中状態で聴き出した「声」は心からの叫びです。

そんな簡単にいくものだろうか、と思うかもしれません。

ですが実際に、これまで多くの営業マンを救ってきた方法です。

「一点集中の法則」は、強力な営業力アップのメソッドなのです。

詳しくは第5章でお話ししますが、自己暗示を習慣にすることで大切な場面で「一点集中の法則」が働き出すようになります。仕事の成果が上がることは言うまでもないでしょう。

06
影響力を発揮して周りを巻き込んでしまう

あなた自身が仕事を楽しみ、お客様もよろこび、世の中に貢献する営業職本来の役割を果たすには、あなたの「影響力」を発揮していくことが大切です。

「影響力」といわれても、なかなかピンとこないかもしれません。それもそのはずです。営業研修や上司の指導などで、「営業マンには影響力が必要だ」ということなど教わっていないからです。

あなたは、好きな歌手や俳優のしぐさや行動、発言に影響を受けて、その人の髪型やファッションをマネした経験はありませんか？

憧れの先輩、上司に影響を受け、その人にほめられたい、役に立ちたいと思って勉強や仕事を頑張ったり、彼らのような生き方をしたいと思って自分の行動や考え方を変えたりした経験はありませんか？

影響力を持つ人は、想いや情報を多くの人に届けることができます。

営業マンに「影響力」が必要な理由は、まさにこれです。

営業マンの使命は商品を売ることではなく、商品を通して、お客様、さらには世の中の役に立つことです。

しかし、1人の力では、できることが限られてしまいます。

たとえば、営業活動で顧客が抱えている問題を聴き出せたとします。ところが、その問題を解決しようにも自社の商品・サービスよりも、ライバル会社のほうが機能面で優れていることが明らかだったり、機能面では自社商品のほうが優れていても、価格が高すぎたためにライバル会社の商品を選ばれてしまうこともあるでしょう。

また、そもそも役立つ商品・サービスを自社で取り扱っていなかったら、せっかく信頼して話しくれた顧客の気持ちにこたえられず悔しい思いをするしかありません。その結果、ライバル会社に乗り換えられてしまっても対策がとれません。

営業マン1人の力ではどうすることもできない問題だから仕方がない、とあきらめるのは簡単です。でも、自社の商品・サービスが他社に劣っているのであれば、良くすればいいだけです。

価格が高いのであれば、調整できないか考えてみる、自社にその商品・サービスがないのであれば、新たに企画してみることだってできます。

このとき、力を発揮するのが「影響力」です。

上司や商品開発部を巻き込み、会社を巻き込んでいく「巻き込み力」といってもいいでしょう。一見、解決が難しそうな問題であっても、あなたが影響力を発揮することで解決することは実は少なくありません。

ただし、影響力を発揮するには、まず、影響力とは何か、その本質を知る必要があります。

営業マンが持つべき影響力は、好成績を上げたことで周囲からちやほやされることや、会社のノルマを達成することではありません。

長く相手の役に立ち続ける力、それが営業マンが持つべき影響力です。

「たしかにそうかもしれない。でも自分にはそんな力はない。影響力なんて今の自分が発揮できるわけがない」

そう思うかもしれません。でも心配することはありません。影響力の重要さを意識したときから、あなたの中には営業に必要な影響力を発揮できる環境がすでにできあがっていくからです。

まずは、目の前の1人に対して、影響力を発揮することからはじめましょう。

多くの営業マンが、会社から与えられたノルマを達成しようとするために、はじめから5人、10人、100人以上など、一気に多くの人の役に立とうとします。しかし、これでは、かけられる力も時間も分散されてしまいます。また、どうにか一度は契約できたとしても、顧客はそのうち離れていってしまうでしょう。

本当の影響力を発揮するには、まずは目の前の1人のお客様の役に立てばいい。その1人に満足や感動を与えることができたなら、あなたの影響力は必ず次の1人につながります。よろこんでもらえて紹介をもらえたら、また次の人につながります。

そして、だんだん輪を広げていけばいいのです。すると、いつしか100人どころではなく、1000人、1万人の人たちがあなたの周りには集まっています。

その1000人、1万人のお客様の声、共通した思いをまとめた企画書を、「今、当社のお客様は企画書にまとめたこのような商品を欲しています」として提出したら、商品開発部や上司も目に泊めてくれるはずです。

もちろん、すぐには思いどおりの結果を実現できないかもしれませんが、前向きな反応が得られるはずです。

こうした〝信用の絆〟を強く、長く持ち続けている人こそ、営業力のある人であり、あなたが持つべき影響力です。

「あなたに会いたい」「相談したい」と、たくさんの人が集まれば集まるほど影響力は高まるので、営業部だけでなく、関連部署、会社、その外のつながりにまであなたは影響力を与えることになります。

だから、まずは1人でいいのです。

最初から数を求めて頑張る必要なんてありません。

あなたに5人でも10人でも、いえ、たった1人でも大切なお客様がいるのなら、その人のことを大切にしてつき合ってみてください。それができれば、自然とその輪が広がりはじめます。

輪を広げるのは簡単で、しかも誰にでもできます。次のことを守ればいいだけです。

目の前にいる人を大切にする。
集まってきてくれた人を心から想う。

ひと言で言えば、「尽くす」こと、それだけです。

自己暗示によって、あなたはこうしたことも自然にできてしまうようになるのです。

07 「今、この瞬間にできること」に意識を向ける

「会社が小さいから信用されない」
「契約がとれないのは運が悪いからだ」
「今とは別の地域でなら契約がとれたはずだ」

営業結果が思うように出ないと、会社が悪い、上司が悪い、環境が悪い、などと人や環境のせいにしがちです。でも、与えられた環境を変える必要はありません。なぜなら、今ある環境を変えるよりも、自分を変えるほうが簡単だからです。

自己暗示を活用すれば、どんな環境であっても振り回されたり、影響されずに営業ができるようになります。ですから、現在の環境のことは、ひとまず考えるのをやめて脇に置き、ほったらかしにしておきましょう。

しかし、「自己暗示を活用するだけで本当に営業力が上がるのか？」とあなたは疑問に

思うかもしれません。

たしかに、人それぞれにタイムラグがあるので、全員がすぐに成績がアップするわけではありません。でも、焦ることはありません。環境を変える必要もありません。

あなたに与えられた環境は、自然に、勝手に、良くなっていきます。無理に変えようと奮闘する必要などありません。

あなたが営業で成果を上げるためにすることは、次の三つだけです。

・自己暗示をして
・これから、さらに良くなっていく環境に身を委ね
・今、するべき行動に没頭する

たとえば、生まれた時代や国・性別を変えられないように、自分の力だけでは変えられないことがあります。同じように、現在所属している会社など、あなたを取り巻く環境を変えようとしても、うまくはいかないことが多いでしょう。

だから、まず環境のことは脇に置いておくのです。

実際、できる営業マンは与えられた環境など気にしません。「今できることだけに集中」しているので、結果が驚くほど出るだけでなく、「営業が楽しくてしょうがない状態」を自ら生み出しています。

「今、この瞬間にできること」に力を注ぎましょう。

それ以外のことをしようとすると、つらくて、きつくて、大変で、営業の仕事をやめたくなってしまうでしょう。そんな仕事に意味はありません。

ただし、上司の指示を無視するということではありません。また、周囲からずれた行動をしていくということでもありません。自己暗示を使って、「今できる行動に没頭すること」を実行するだけです。

これは特に新しい営業手法を行うわけではありません。与えられた環境だからこそ結果を出すことができる、自己暗示の活用法です。

今の環境を変えなくていいと聞くと、何も変わらないように思えて不安になってしまうかもしれません。しかし、与えられた環境を変えないということは、「今、この瞬間にできること」に意識を向けるということです。

今、この瞬間にできることに集中することによって、今の過ごし方が変わります。それが結果として未来を変えていくことにつながり、自然に環境のほうからあなたにぴったり寄り添ってくるようになります。そして、気がつくとあなたは営業としての成功をいつの間にか手に入れているのです。

リラックスして、安心して、やれることだけを着実にやっていれば、成果も出せて環境も整ってきます。まるで魔法のように聞こえるかもしれませんが、それが自己暗示のすごいところなのです。

変化するのは、あっという間です。

「いつの間にか、できる営業マンになっていた」

と、あなたは後になって自分自身の変化に驚くことでしょう。

次章では、さらに深く自己暗示についてお話ししていきます。

第2章

自己暗示は営業の才能を引き出すスイッチ

01

自己暗示は意識の切り替えスイッチ

朝、会社を飛び出して訪問先に向かうとき、あなたはいつも何を考え、どんな感情を持ち、どう行動しているでしょうか？

「会社から抜け出せてほっとしている」

「会社を出てきたものの訪問先がなく、どうすればいいか迷う」

「商品の良さをしっかりアピールできるか不安だ……」

日々、違う感情を抱きながら、さまざまな行動をしているでしょう。強いストレスから、緊張や迷い、焦り、不安に支配され、思ったような行動がとれない、そんな日もあるかもしれません。

営業の仕事は、意識で行動を変え、思考を自己管理します。

おかしな言い回しにはなりますが、意識的に、心の機能の一つである「意識」を上手に使いましょう。

意識を使うと、まず行動が変わります。行動が変わると、考えや感情も変わります。一方、意識を使わなければ、行動が変わらず、考えや感情も前向きになることはありません。

「意識」を意識的に使うには、一つひとつの行動を丁寧に意識し、感じることです。

たとえば、訪問先に向かうとき、地面を踏む足の裏に意識を向けてみると、いつもは気づかなかった足の裏と靴の中敷きとの違和感に気づいたり、地面の硬さやデコボコに気づいたりします。

あるいは両手に意識を向けてみると、大きく手を振って歩いていることに気づき、鞄を握っている手に意識を向けることで、持ち手の革の感覚が指先から伝わってくるはずです。

頬に意識を向けると、頬にあたる風の冷たさや温かさを感じるし、耳に意識を向けると、近くを走り抜ける車やバイクの音が聞こえてくるなど、これまで気づいていなかった多くのことに気づくことができるでしょう。

このように、自分の身の周りに起きているさまざまなことや何気ない自分の行動に気づくのが「意識の力」です。

自分の行動一つひとつに意識を向けることで、間違った行動を正しい行動に変えることができます。知らず知らずのうちに間違えていたことに気づき、修正することができるからです。さらに、一つひとつに意識を向けることで、自分が日々、どんな行動、作業をしているかがわかります。思っているよりもたくさんのことをしていることに気づくはずです。

意識を正しい日的地にたどり着けるように使えば、営業力を簡単に上げることができるようになります。

結果を出せていない今のあなたの行動をそのままにしていると、それがデフォルト《初期設定》になってしまい、結果を出せないままの状態が続きます。そこから抜け出すには、「意識」の活用が必須なのです。

意識は、行動を変える心の機能の一つです。
あなたの営業活動を変えていく「切り替えスイッチ」として、非常に重要な役割を担っています。

アメリカを代表する心理学者ウイリアム・ジェームズは、次のような言葉を残しています。

人間は幸せだから歌うのではない。
歌うから幸せになるのだ。
心が変われば行動が変わる。
行動が変われば習慣が変わる。
習慣が変われば人格が変わる。
人格が変われば運命が変わる。

この言葉は、私たちは自分が意識すれば行動を変えることができ、考えや感情も変わり、最終的には幸福という目的地にたどり着けることを教えてくれます。

どんなにつらくても、笑えば楽しくなります。だから、そんなにつらい顔をしていないで、今この瞬間に意識を合わせて笑ってみましょう。

自己暗示で意識の「切り替えスイッチ」を押して笑顔をつくってみましょう。あなたの考えや感情は変わっていきます。心が軽くなり、楽しく幸せな気持ちになってきます。

私たちは意識の力を使って、心に幸福を届けることができます。しかし、その幸福感を持続できないという問題も抱えています。いつも苦しい営業をしていて悩んでいると、笑顔をつくることさえ忘れてしまい、苦しみに支配されてしまいます。

「意識」の力を意識的に使うために「自己暗示」を活用します。自己暗示という意識の機能で行動を変えていくのです。自己暗示をするとストレスが消え、成果を出すための行動エネルギーが満ちていくことに気づくでしょう。

02
行動と思考に大きな影響を与える無意識の力

心の機能には、「意識」とともに「無意識」があります。

「そもそも無意識は、どこにあるの?」と疑問に感じる人もいるでしょう。

まずは、無意識について、少しお話ししましょう。

本書では、「私たちが意識してやっていないこと＝無意識でやれていること」、と考えていきます。

人は、意識してすることを無意識では行いません。一方で、無意識でしていることを、意識しません。

朝起きていつも行う、歯磨き、洗顔について、「私は洗面所に行く」「これから蛇口をひねって水を出す」「歯ブラシを手に取り歯磨き粉をつける」などと意識せずに行動している人がほとんどでしょう。すでに習慣化しているために、無意識にできてしまうのです。

好き、嫌い、楽しい、退屈といった感情も、意識せずに湧いてくることでしょう。
私たちは、こうした日常活動のほとんどを無意識で行ったり、感じたりしています。
無意識のおかげで、私たちは寝ている間も心臓を動かすことができています。呼吸も休むことなく行い、体温の調整もできています。ケガをしたときは出血を止めたり、かさぶたをつくったりします。これらは、無意識の機能のおかげです。

また無意識は、あなたの行動や思考を無意識的に邪魔することがあります。あなたを本来の目的とは違った方向に向かわせてしまうのです。

営業活動をしなければいけないのに、こんな行動をしてしまったことはないでしょうか？

・訪問先がないからと、ついつい漫画喫茶に行って時間をつぶしてしまった。
・飛び込み営業をしてもどうせ断られるし……と考えていたらコンビニの駐車場で昼寝してしまった。
・営業がうまくいかないことを悩んでいたら、夜眠れなくなってしまった。

「仕事中に漫画喫茶に行ってやるぞ」とか、「今日はコンビニの駐車場で昼寝してやる」とか、「今夜は絶対眠れなくなってやる」などとは意識していなかったはずです。いつの間にか、無意識に、そうなってしまった、そうしてしまっていたのではないでしょうか。

なぜ、営業活動にとっては望ましくないこうした行動や思考をしてしまうのか。そこには無意識が重要な役割を果たしています。

「ストレスがかかることはやりたくない」と感じると、無意識は自分を守るために無駄なエネルギーの放出を止めます。その結果、仕事をさぼらせたり、挑戦することを妨げたりするのです。これは無意識による「生きるための機能」です。

何でも無意識に任せっきりにしていると、本来あなたが行きたかった目的地とずれたところに行ってしまうことがあります。生きること、安全でいられることを優先するために、無意識的に目的地を楽なほうへ、慣れたほうへと変えてしまうのです。三日坊主というのは、この状態です。

正しい方向に向かうには、「意識」を使って、無意識が向かっている目的地を修正する必要があります。

本書で紹介する自己暗示は、この修正を行うためのものです。

意識的に行う自己暗示によって、自分の心の向きを正しく調整しておけば、悪い方向に向かっていても修正できます。

幸せな未来を今、この瞬間に感じるために、あなたは自己暗示であなたの無意識に働きかけるのです。

03 意識と無意識を一致させると成果が高まる

「意識」と「無意識」を一致させて、正しい目的地に向かわせることで、目的が叶います。

では、そもそも「意識と無意識を一致させる」とはどういうことなのでしょうか。

もともと、私たちは誰もが意識と無意識を一致させることが得意でした。なぜなら、生きていくには、この能力が必要だからです。

たとえば、言葉を使って意思を伝えることができない赤ちゃんは、「おぎゃあ」と泣くことでしか、お母さんに意思を伝えることができません。でもそこには、「お腹がすいた」「暑いよ」「寒いよ」「おしりが濡れて気持ちが悪いよ」など、さまざまな思いが込められています。つまり、伝えたいことがあるよ、と泣くのです。

赤ちゃんは常に「言行一致」しているといえます。

「言行一致」とは、口で言ったことと行動が同じという意味ですが、これはそのまま意識と無意識が一致している状態ともいえます。口で発した言葉と心の底からの思い、つまり無意識に湧き出した思いが一致している、とても自然な状態です。

思いを伝えられたら泣きやみ、心の底から満足する。伝えられなかったら、伝わるまで泣き続けるか、泣くのをやめて眠る。たいていの時間を意識と無意識を一致させて過ごしているので、赤ちゃんの心には汚れがありません。汚れとは、純粋でウソがないから汚れていないというだけではありません。常に意識と無意識を一致させているので、大人のように遠慮したり、気を使ったり、あきらめたりしません。

ストレスもなく、一瞬、一瞬が幸せに満ちています。

大人になると、言葉を覚え、思いとは違うことを言ったり、誤魔化したり、心とはうらはらな行動をしてしまったりすることが増えてきます。それによって、ストレスを抱えることもあります。なかには、言行不一致、意識と無意識が一致していない状態が日常になっている人もいるでしょう。

意識と無意識を一致させるにも自己暗示が効きます。

意識と無意識が一致するのがあたりまえの状態になるまで、魔法の暗示を繰り返しましょう。すると、あなたが赤ちゃんだった頃のように、目的を叶えることが自然に上手になります。

その前にまず、「意識」と「無意識」を一致させた状態を味わってみましょう。

1 両足、両かかとをピッタリ揃え、つま先、かかとを閉じた状態で立つ。

2 両足が地面に触れていること、その感覚を足の裏全体で感じる。今、自分がどこにいるのか、コンクリートや床の硬い感覚、土の上なら柔らかい感覚を足の裏で感じる。

3 目を閉じて数十秒間、意識を足の裏に向け、足の裏でしっかり感じていることに意識を集中させる。このとき、地面の一点に、意識と無意識の両方がある状態になる。

4 時間が経過していくと、体が勝手に揺れてくる。その動きに身をまかせて右へ左へ、前へ後へとどんどん揺れる。

5 じっとしていたいのに、体の揺れを止められない状態になる。意識と無意識が離れだした証拠なので、そのまま体を預ける。

6 足を動かしたくなってくるので、動かしたくなった方向に、意識的に一歩、足を踏み出す。一歩踏み出すことで、意識と無意識を一致させることができる。するとストレスが消えて、心が安定し、赤ちゃんの頃のような「安心の感情」が戻ってくる。

自己暗示で、心の意識と無意識が向かう先を一致させることを「一点集中」といいます。一点集中すると、私たちは明鏡止水《めいきょうしすい》のごとく平静でいられます。この状態こそが、もっとも集中力を発揮できる状態で、アイデアがひらめき、記憶力が高まります。

一点集中すれば、もっとも高い成果を出せるのです。

この一点集中は、猪突猛進《ちょとつもうしん》で視野が狭くなり、周りのことが見えなくなっている危険な状態と対極にあります。一つのことに一点集中できているにもかかわらず、同時に周囲で起きていることもしっかりと把握できている、まさに感覚が研ぎ澄まされた状態です。

このような状態を、専門用語で「意識狭窄《いしききょうさく》状態」といいます。

スポーツ選手が極度に集中が高まって最高の結果を出すフロー（流れの中にいるような集中状態）やゾーン（感覚が研ぎ澄まされて活動に完全に没頭している特殊状態）と同じ

です。

自己暗示をすることで、意識と無意識が完全に一致した最高の状態をつくりだすことができます。その方法は、第5章で詳しくお話しします。

04

無意識の三つの特徴

自己暗示をするときは「魔法の暗示のことば」が必要です。

魔法の暗示は、今、あなたがなりたい姿を言葉に換えたものです。

許しの言葉、感謝の言葉、勇気の言葉などがいいでしょう。唱えると、なりたい状態に向けて体が無意識に動き出し、現実が変わります。

「魔法の暗示のことば」は、自分に合ったものをつくることで、より効果が高まります。

そのために知っておいていただきたい無意識の特徴が三つあります。

1　今、この瞬間しかない

無意識には過去も未来もありません。

無意識が認識するのは、「今、この瞬間」だけです。

机の角に足の小指を思いっきりぶつけた経験はありませんか？

そのときのことを、目をつぶって思い浮かべてみてください。過去の出来事なのに、強烈な痛みがよみがえってきて、顔をゆがめたくなるはずです。

次に、目を閉じて、あなたが今、いちばん大好きな人と明日、お気に入りの場所で楽しく食事をしているシーンを思い浮かべてください。ワクワクして、楽しい気分になってくるはずです。

過去のことも、未来のことも、今、起きているように感じるのは、無意識には、今、この瞬間に起きていることだと認識するからです。

あなたが過去に営業で失敗したことをいつまでも後悔したり、クヨクヨと思い悩んでしまうのも、未来に「ノルマを達成できないかもしれない……」と不安や心配で心がいっぱいになってしまうのも、無意識が今、この瞬間のこととして認識するからです。

この無意識の特徴から、自己暗示の言葉は、過去を引きずる言葉でもなく、未来に期待する言葉でもなく、今、何ができるかを考え、できると信じ込める言葉を使って現在形でつくります。

良くない言葉　目標を達成できますように（未来に向けて唱えている）
　　　　　　　目標を達成できず悔しかった（過去に向けて唱えている）

正しい言葉　達成

とくに過去の事実を後悔する暗示は、今、この瞬間を暗くしてしまい、無意識に嫌な出来事を引き寄せてしまいます。

無意識の世界は、「今、今、今」の積み重ねです。

資格試験に合格したいのであれば、「合格する」もしくは、「合格」とだけ唱え続けるといいでしょう。すると、合格している自分をはっきりとイメージできるようになります。

無意識が「合格するのがあたりまえだ」と思い込めば、実際に合格を引き寄せるための集中力やアイデア、やるべき行動を引き出すことができます。

できる営業マンは、どんなノルマを与えられても、その瞬間に「達成できる」と信じ込んでいます。

「今、この瞬間」を変える魔法の暗示は、短文または単語でつくることです。

短く、はっきりと、繰り返し唱えられるほうが無意識には届きやすいからです。

魔法の暗示のことば

「今、今、今」

「今する、今する、今する」

「できる、できる、できる」

2 否定の言葉が届かない

無意識には、「〜しない」といった否定の言葉は届きません。

試しに「のどが痛くない」と100回唱えてみましょう。すると、のどが本当に痛くなってくるはずです。無意識には「ない」の部分が勝手に省略され、「のどが痛い」と届いてしまい、そのとおりの現実を引き寄せてしまうのです。

「営業成績、あいつにだけは負けたくない」と唱えると、「あいつにだけは負ける」と無意識には届いてしまい、必ず負けてしまいます。無意識に「負け」「負け」「負け」と自己暗示をかけ続けてしまうことになるわけです。これでは勝てるわけがありません。

あなたがかけるべき自己暗示は「勝つ」のひと言です。ただし「勝つ」という思いが強すぎると、ライバルとの競争という意識が強くなりすぎてしまい、「負けたくない！」に変換されてしまうことがあります。

第1章でもお話ししたように、営業の本来の役割は、お客様の問題解決または課題解決です。したがって、営業マンにとって最適の「魔法の暗示のことば」は、「役立つ」です。この「役立つ」は、営業マンにとって万能の暗示です。感謝される契約をどんどん引き寄せられるようになります。

この否定の言葉を受け付けないという無意識の特徴から、自己暗示の言葉は、相手に貢献できる言葉、あなたが前向きになれる肯定的な暗示を届けることが大切です。

なお、おもしろいことに、無意識は言葉の裏の想いを読み取ります。

あなたが「契約がとれる」とつぶやいても、本心では「本当に契約がとれるだろうか難しいのではないか」などと思っていると、無意識はその不安を読み取ってしまいます。

心から「魔法の暗示のことば」を言うことが必要です。

魔法の暗示のことば

「貢献、貢献、貢献」
「役立つ、役立つ、役立つ」
「力になる、力になる、力になる」

3　主語を認識しない

無意識は「誰が」やったのかを認識しません。つまり、「〜が」「〜は」の主語が届かないのです。

そのため、「〜（ライバル）が失敗しますように」などと唱えると、「失敗しますように」と自分の無意識に暗示をかけていることになります。

無意識の世界はワンネスです。ワンネスとは、みんなつながっているという考え方です。私とあなたの区別がない。ライバルもいない。それが、ワンネスです。

世界的なプロゴルファー、タイガー・ウッズの有名な逸話があります。

あるゴルフトーナメントの最終日。ライバル選手が次のパットを決めれば優勝という場面で、ウッズはライバル選手を見つめながら、こうつぶやきました。

「入れ！　入れ！　入れ！」

普通の選手なら「入るな！」「失敗しろ」と言ってしまうかもしれません。でも、無意識のワンネスの世界では「入るな」「失敗しろ」が、そのまま自分への暗示にもなってしまいます。ライバル選手がパットを外し、自分が決めれば優勝というチャンスの場面で、急に手が固くなってパットを失敗し、結局、優勝できなかったなんてことが起こります。

ウッズは「無意識の力」と「ワンネスの世界」を知っていたため「入れ！」とつぶやいたのです。その結果、ライバル選手はパットを外し、タイガーの優勝となったのでした。

できる営業マンは、勝ち負けやランキングなど気にしません。常に自分も周囲の人も営業部全体も、目標を達成できると信じ、「そのために大いに力を発揮できる」と信じています。

魔法の暗示のことば

「絆、絆、絆」

「調和、調和、調和」

「ワンネス、ワンネス、ワンネス」

自然と笑顔になる「魔法の暗示のことば」" 許します "

「許します」は、これまでの自分から「変わる」ための暗示です。
きつかったけれど、よく頑張った。そんな自分に対して、結果は出せなかったけれど、新しい一歩を踏み出すために、けじめをつけるために行います。

「許します、許します、許します……」と
10 ～ 12 秒間で 7 回唱える（これで 1 セット）。
1 日に 10 ～ 15 セット行う。

毎日が楽な気持ちに変わっていくことを実感でき、自然と笑顔になれる回数が多くなります。

通勤中や営業の隙間時間、ランチタイム、営業会議がはじまる前の待ち時間など、いつでもどこでも行うことができますので、はじめのうちは、行う時間を決めてやり続け、習慣にしましょう。

営業は競争がすべてだと信じて、がむしゃらに働いている人は少なくありません。

しかし、競争することにとらわれていると、思いやりや貢献を忘れてしまいます。

無意識が本当に望んでいるのは、調和です。そのため、慈悲の意味を込めた暗示は、心に届きやすいのです。

無意識の性質を理解することで、自己暗示の効果はどんどん高まるのです。

05 意識の力を弱め、無意識の力を高める深呼吸

営業がうまくいっていないときは、「営業のコツを知りたい」「他の人がやっているテクニックを使えるようになりたい」などと思いがちです。

でもそれは、意識でそう思っているだけで、あなたの無意識は、そんなことは望んでいません。なぜなら、そのやり方は他の人のやり方であり、その人だからこそうまくいくテクニックだからです。

意識の力だけでなんとかしようとしても、無意識は、他の誰かのやり方を拒絶するため、結局は失敗してしまいます。

これまでとは違うやり方をする場合、「これまでとは違うやり方をする」ということを、自分の無意識に届けなければいけません。

まずは、たった一つの行動を習慣化しましょう。

それが、深呼吸です。

深呼吸をして、今抱えている緊張、迷い、不安といったストレスを、ふっと吐く息とともに体の外に吐き切るのです。

深呼吸をして意識の力を弱めると、無意識に「魔法の暗示」が届きやすくなります。

意識と無意識が反発を起こして余計にエネルギーを奪われないように頑張るのではなく、まずはリラックスをすることが先決です。

ハーバード大学の研究でも、深呼吸は血流改善やリラックス効果などがあることが認められています。とくに「4・7・8呼吸法」（186ページ参照）を使うと、効果が高まります。

「時間に追われていて、深呼吸どころではない」
「深呼吸をしても営業に役立つとは思えない」
「深呼吸なんて面倒くさいから、やらなくてもいいだろう」

こんなふうに感じるのは、はじめのうちは仕方ありません。無意識は今までの場所、やり方に強く戻りたがるからです。

でも、あなたが今やるべきことは、月末までに契約をとることではありません。あなたが短時間で営業力を上げたいのなら、一見すると遠回りに思えますが、深呼吸を営業の隙間時間にやることがいちばんの近道です。そして、「気がついたら、深呼吸をするようになっていた」と感じられるようになることです。

スポーツをする前に準備運動をするように、深呼吸は本格的な自己暗示の前に行うストレッチのようなものです。無意識の力を発揮しやすい心の状態をつくっておきましょう。そうすることで、効果は大きく変わります。

今はただ深呼吸をして、

無意識の世界が認識する「今、この瞬間」に一点集中していきましょう。

その状態で自己暗示を行うと、無意識に言葉が届き、無意識は目的に向けて働きはじめます。すると、あなた自身も信じられないほどの集中力、アイデア、暗記力、行動力を発揮します。あなたの営業力は確実に変わります。

06

誰に対しても「ありがとうございます」

大きな車輪がついた自転車を思い浮かべてみてください。

あなたの身長ほどもある、大きな大きな車輪です。

あなたはペダルを一生懸命に踏み込み、自転車を前に進めようとしています。でもペダルは重たくて、ちっとも動きません。

そこであなたは立ち上がり、すべての体重をかけてペダルを踏み込みました。すると、ようやく自転車は動き出し、ゆらゆらしながらも前へと進みはじめました。

漕ぐうちに、だんだんペダルは軽くなっていき、スピードが出てきました。大きな車輪はくるくる回り出し、気づけば楽に目的地に向かって進んでいくことができます。

大きな車輪がついた自転車は、あなた自身です。

自転車が動きはじめる「魔法の暗示のことば」があります。

魔法の暗示のことば

「ありがとうございます、ありがとうございます、ありがとうございます」

「感謝、感謝、感謝」

「恩返し、恩返し、恩返し」

営業の仕事に対して前向きになれないときは、自分だけでなんとかしようとするのではなく、誰かの力を借ります。その誰かとは、あなたがいちばん話しやすいお客様です。お客様に、「会っていただき、ありがとうございます」と感謝をお伝えしましょう。あいさつの前でも、あとでも大丈夫です。たとえ契約がとれなくても言ってください。そうすることで、大きな車輪が少しずつ動きはじめます。

その後も、話しやすい人のところに出向き、同じように伝えます。

たとえ結果が感じられなくても、決して行動を止めないでください。契約できるかどうかは、ここでは関係ありません。また、相手の思いを推測する必要もありません。

あなたはただ「魔法の暗示のことば」である「ありがとうございます」を唱え続けて、一歩、一歩を積み重ねていけばいいのです。

「ありがとうございます」と唱えることを、毎日、毎日、繰り返していきましょう。あいさつをしてもらえたら「ありがとうございます」、笑顔を返してもらえたら「ありがとうございます」、雑談をしてくれたなら「ありがとうございます」と唱えます。「ありがとうございます」と言われて、不機嫌になったり怒ったりする人は、1人もいません。何万人も訪問している私が確認済みです。

これまでに学んだ営業のコツは、すべて捨ててください。

考えたり、感じたりすることを止めて、ただ会いに行き、「魔法の暗示のことば」を唱え続けてください。

訪問先は新規でなく、既存先でもかまいません。

友達にも、家族にも、それこそ誰に対しても伝え続けましょう。

ただ、あなたの足は絶対に止めないでください。

誰に会うかは、無意識で選びましょう。難しく考える必要はありません。

あなたは、あなたができる行動を一つ決め、どのくらいの量と時間で行うのかを定め、ゴールまでは必ずやりきってください。

あなたは今よりもっと自分を信じることができるようになります。営業は信用が第一ですが、いちばん信じなければいけないのは、あなた自身です。

自分をただひたすら信じ、足が前に進んでいくことだけを信じてください。

第3章

自己暗示を使えば
営業成績は格段に上がる

01 自己暗示で得られる五つのメリット

自己暗示を行うと、さまざまなメリットが得られます。
誰しもに起こる代表的な五つのメリットを紹介しましょう。

1　アイデアがどんどん湧いてくる

結果を出すために必要な行動を思いつくことができます。

お客様にダイレクトメールを送ったら、今以上に多くの人々の課題解決に貢献できるのではないか、などと次々といいアイデアが生まれてきます。

2　柔軟性が発揮できる

さまざまな人、環境、物事などに柔軟に対応できるようになります。そのおかげで、幅広い世代に受け入れられ、多くの人が、「また話したい」「相談にのってほしい」「話を聞かせてほしい」と集まってきます。

営業としての本来の仕事に目覚めると、まったく違う世代や価値観の人たちの相談にのることができ、相手を飽きさせることもありません。もちろん性別も無関係です。

3 記憶力が上がる

「自分は記憶力が悪い」と言う人がいますが、うまく記憶できないのは、ストレスが原因であることが少なくありません。

学校の勉強で記憶力を発揮できなかったのは、テストまでにこんなに勉強しなければいけない、絶対に合格しなければいけない、ライバルたちに負けたくないといった思いなどからくるストレスを、自己暗示で追い払う対処法を知らなかったからです。

自己暗示を無意識に届けることができるようになれば、記憶力は格段にアップします。

4 幸福力が上がる

幸福力が上がることが、自己暗示の最大のメリットだと私は考えています。なぜなら、幸福かどうかは自分の心で決めることだからです。

以前、テレビ番組で、催眠をかけられたタレントさんが、わさびを抹茶アイスだと言っておいしそうに食べていました。これは、わさびが抹茶アイスの味に変わったわけではありません。タレントさんの心が「甘くておいしい」と決めたから、そう感じるわけです。

幸福力とは、あらゆるものを自分にプラスに、ポジティブにとらえる力です。一見、不幸だと思えることでも、幸せを見つけることができます。心の目、つまり無意識で物事を見て、感じるのが人間の本質だからです。

人は、日常の何気ないことを、それこそ不幸なことさえ幸せに変えることができる力を持っています。この力に目覚めた営業マンの周りには、その魅力を感じた人たちが集まってくるので、自分から会いに出かける必要もなくなっていきます。結果、あなたは幸せになり、お客様も幸せにできるのです。

5　営業力が上がる

「営業力が上がる＝営業の仕事を好きになる」ということです。

「営業をしていてよかった。これで自分は生きていける。もう何も心配ない」と思える状態というと、イメージしやすいでしょうか。

自己暗示を使うと自分の能力を引き出すことができるようになり、断られることがほぼなくなります。それどころか、「もう一度、話をしたい」「話を聞きたい」「相談したい」と集まってくるのですから、あなたはお客様を幸せにすることに集中できます。

たとえ断られることがあっても、まったく気にならなくなります。

テレアポや飛び込み訪問などをする必要がなくなります。あなたの魅力が上がるとは、そういうことです。営業をかけなくても、本物の営業ができる環境が整っていきます。

できる営業マンが、「営業の仕事に、誇りを持っている、愛している」というのは、こういう状態にあるからなのです。ぜひ、あなたにもそうした世界で生きてほしいものです。

自己暗示には、他にもたくさんのメリットがあります。

あなただけに起こる変化もあります。

自己暗示は、人生における可能性を高めるスイッチなのです。

目的を叶え、人生の幸福を高めるために、どんどん活用しましょう。

02
「深呼吸→魔法の暗示→行動」が営業力を高める

仕事柄、日々、悩める営業マンの方から、苦労していることや悩んでいることについて、ご相談をいただきます。

本書では、その中でも特によくご相談を受ける、成績が上がらない、取引先とのコミュニケーションがうまくいかない、テレアポや飛び込み営業が苦手などといったことを、自己暗示を使って解決する方法を「自己暗示メソッド」として紹介していくわけですが、その前に知っていただきたいことがあります。

それは、暗示を唱えるだけでは効果は出ない、ということです。

自己暗示は、次の流れで行います。

1 深呼吸で準備（4・7・8呼吸法）

↓

2 自己暗示（魔法の暗示・覚醒暗示など）

↓

3 行 動

それぞれ見ていきましょう。

1 深呼吸で準備（4・7・8呼吸法）

最初に深呼吸をするのは、心と体を落ち着かせ、スッキリさせるためです。

私がオススメするのは、「4・7・8呼吸法」です。これは、ハーバード大学出身のワイル博士が考えた呼吸法で、「ハーバード式呼吸法」ともいわれます。

安倍元総理が、野党からのヤジを受けるときによく利用しているということで話題になったこともあるので、皆さんもご存知かもしれませんね。

「4・7・8呼吸法」は、次の3ステップで行います。

①鼻から4秒間、空気を吸い込む
②息を7秒間止める
③8秒かけてゆっくりと口から息を吐き出す

息を吸うときにかける時間より、息を吐くときにかける時間のほうが2倍長いのが特徴です（営業力を高める自己暗示メソッドとして行うときの方法は、第5章でご紹介します）。

2　自己暗示（魔法の暗示・覚醒暗示など）

続いて、自己暗示に入ります。

目的に合った「魔法の暗示のことば」をかけたり、動作を行ったりした後、普通の生活に戻るための覚醒暗示（192ページ）をかけます（詳しくは第5章参照）。

3　行動

暗示を終えたら、行動します。

たとえば、テレアポがうまくできるようになるための自己暗示をしたとします。このとき、暗示だけかけても、行動が伴わなければ、テレアポがうまくできるようになったかはわかりません。当然、目的も達成できません。

テレアポがうまくできるようになるための自己暗示をしたなら、続けてテレアポを行いましょう。そうすることで、頭や心が連動し、うまくできるような状態になります。

暗示を唱えただけでは目的は達成できません。

暗示を無意識に届けるための準備、暗示、行動のセットで覚えておいてください。

行動が必要、と聞くと身構えて、緊張してしまうかもしれませんが、そのことを意識しすぎず、まずは深呼吸をすることから始めましょう。

その「深呼吸をする」ことも、立派な行動です。そこから、少しずつ、本来やりたかった行動に近づけていきましょう。

03

仕事に前向きになれないときほど「行動」を忘れない

嫌なことがあったとき、もしくは、なかなかうまくいかないとき、仕事に対して前向きになれないこともあるでしょう。

そんな自分にイライラしたり、情けなさを感じたりして、ますます動けなくなってしまった経験のある人もいるかもしれません。

でも、安心してください。それは、あなただけではありません。

できる営業マンであっても、それこそ、トップセールスマンもあなたと同じ人間です。

もちろん悩みますし、心が折れそうになったり、あきらめそうになったりします。

それでも前に進むことができているのは、気持ちを切り替えることと、行動を繰り返しているからです。

「行動」に移せないときに効果的な「魔法の暗示」

なかなか行動に移せないときは、
以下の言葉のいずれかを声に出して唱えてみてください。
言葉はあなたの体を動かすためのガソリンです。
ガソリンがなければ、どんな高級車でも走りません。
無意識に言葉を届けて、体の動きをつくり出しましょう

「今までよくやってきた。忍耐強く、人並み以上の根性を発揮して、つらい営業の仕事を続けてきた。よくやった。すごいぞ」

「今日で、このつらい仕事とは、さよならだ。今、この瞬間から、新しい営業の仕事をはじめるぞ」

「営業の仕事というのは、やっていて楽しい仕事だ」

「営業の仕事というのは、今後の私を支えてくれる礎となる仕事だ」

「営業の仕事というのは、自分の才能を活かし、好きで、楽しい仕事だ」

行動しなければ、何も起きません。

朝起きたらまず、「今日も、深呼吸→魔法の暗示→行動を絶対にやる」と唱えます。

お客様に会いに行くときは、深呼吸をして、「魔法の暗示のことば」である「ありがとうございます」を唱えます。そして、会いに行くための一歩を踏み出しましょう。

上司がノルマを詰めてきても、慌てたり、無理をしたりする必要はありません。自己暗示と行動をし続けましょう。車輪が回り出せば、上司が課したノルマ以上に、あなた自身が驚くほど営業成果を上げることができます。

04 自己暗示を始める前に知っておきたい五つのこと

自己暗示を効果的に行うために、知っておいていただきたい五つのことがあります。

1 魔法の暗示のことば
2 恐怖突入
3 暗示認識
4 イメージトレーニング
5 21日間の法則

それぞれ見ていきましょう。

1　魔法の暗示のことば

第2章でお話ししましたが、自己暗示のときに使う「魔法の暗示のことば」は目的によって変わります。本書では、オススメの言葉を「魔法の暗示のことば」として紹介していますが、自己暗示に慣れてきたら、あなた自身で、オリジナルのものを作成しましょう。より効果が高まります。

たとえばテレアポ時は、電話の向こうの相手の対応、声、しぐさを感じ取りたいところなので、「相手に興味を持つ、興味、興味、興味」という言葉を「魔法の暗示のことば」にしてもよいでしょう（商談時、相手の心に集中するための言葉としても非常に有効です）。

作成のコツは、第2章でお話しした、潜在意識（無意識）の性質に添わせることです。

尊敬する先輩営業マンの口癖を参考にしてもいいでしょう。成果が出ている人が、日ごろ使っている言葉の中には、潜在意識の性質に寄り添った言葉がたくさんあるからです。

もしくはネットで、尊敬するビジネスマン等の動画サイトやインタビュー記事を見たりして、あなたの心を打つ言葉がないか、繰り返し使われている言葉がないかに注力してみてください。そうして出会った言葉には、営業で成功するうえで必要だった思いが込められているはずです。

2 恐怖突入

「できないに決まっている」と感じてしまっていることに、あえてチャレンジする。このチャレンジする行動が「恐怖突入」です。自己暗示の成果を試すために行います。

「恐怖突入」をすることで、心の意識と無意識を強制的に一致させることができます。

「できた」「できてほっとした」と感じることができたら、意識と無意識が一致したことを体で感じたということです。課題をクリアできたことに自信が湧き、その後からは、堂々と営業で前に進んでいくことができます。

3 暗示認識

自己暗示を行っていると、間もなく、「自分は変わった」と気づく瞬間が訪れます。

この気づきのことを「暗示認識」といいます。

この暗示認識が起きると、自己暗示が成功したということができます。

「暗示認識」が起こったときには、すでに営業人生、さらには人生の扉が開かれていると言ってもいいでしょう。

4　イメージトレーニング

自己暗示の効果を高めるために、意識や無意識にうまくいったときのイメージをさせるべく、イメージトレーニングを行います。

この有用性は、科学的に証明されており、スポーツの世界ではあたりまえのように取り入れられています。彼らは実際に、体を動かすことなく、意識で自分が動いているところを思い描くことによって、技術の向上をはかるのです。

自己暗示と共にイメージトレーニングを行う理由は、実際の行動のときに一点集中状態になりやすく、苦しい、きついなどの雑念を取り払う効果が期待できるためです。

本章の後半では、営業マンがよく対面するシチュエーションにおけるイメージトレーニングを紹介しています。参考にしてください。

5　21日間の法則

自己暗示は、暗示をかけたらすぐにできるというものではありません。とくに最初のうちは、意識と無意識がうまくつながらなかったり、集中できなかったりするからです。

暗示認識の重要性

自己暗示の創始者エミール・クーエは、「暗示認識」を重要視していました。

「手が固まって動かない」という暗示をかけられ、実際に「手が動かない」状態になったとします。

おそらくあなたは、「手が動かない」という状況に驚いたり、感激したり、不安になったりと、このことにいっぱいいっぱいになり、ほかのことに意識が回らないでしょう。

たとえその日、いやなことがあったとしても、その瞬間は忘れているはずです。さらに、早く手を動かせるようになって安心したいと必死になるでしょう。

つまり、一つのことに集中（一点集中）すると、どんなに、苦しみ、悲しみを抱えていても、その苦難をほったらかしにでき、その目的に向かって前に進むことができる」と、いうわけです。

自己暗示で、「自分は成長してよいのだ」ということに気づくきっかけを自らつくりだし、暗示認識で、「成長できている自分」を感じることで、自分の無意識により深く、浸透させるのです。

繰り返し続けることで、だんだんと暗示が無意識まで浸透するようになります。その日安が、21日間です。21日間続けることで、22日目には暗示が無意識に届きます。これを「21日間の法則」といいます。
「21日間の法則」については、次項で詳しくお話しします。

本書で紹介する自己暗示メソッドは、「1　深呼吸で準備（4・7・8呼吸法）」→「2　自己暗示（魔法の暗示・覚醒暗示など）」→「3　行動」の基本の流れに沿って、ここでご紹介した、魔法の暗示のことば、恐怖突入、イメージトレーニングを組み合わせて行います。詳しくは、第5章でお話ししています。

正しい知識・やり方で行うことで、はじめて自己暗示は力を発揮します。

この五つは、覚えておきましょう。

05

暗示を無意識に届ける「21日間の法則」

ある時、夜空を眺めていた1人の男が「月に行ってみたい」と思い立ちました。

そこでまず、意識の力を使いました。

毎日、男は「月の上を歩く」と唱え続けました（言葉での暗示です）。

すると、ごく近い人たちにその声が届きました。次第に周りを巻き込み、国の人たちの多くがこの男の思いを知るようになり、声に出しはじめました。

「人類は月に行ける」と。

そのうち、数えきれないほどの人が、「人類は月に行けるはずだ」と無意識に信じ込むようになり、１９６９（昭和44）年、男は思い続けたとおりの未来を引き寄せました。

ロケットが打ち上がり、月面を歩く人の姿がテレビに映し出されました。アポロ11号の月面着陸です。

「思考は現実化する」という考えがあります。

意識を使って、思いを無意識に届けることで、目的は叶います。

営業でうまくいきたいという目的を叶えるには、無意識の性質と力を理解し、上手につき合えばいいのです。

ただし、無意識は、根本的にはさぼり魔です。意識でスイッチを入れたつもりでも、入っていないことがあります。

一生懸命、思考したのに、願いが現実にならなかったという経験を持つ人は少なくないでしょう。

では、なぜ、うまくいかなかったのか。

それは、思いを無意識に届けることができなかったからです。

自分の思いを現実化するには、「21日間の法則」を活用します。

21日間、意識して（無理してでも）行動を続けていれば、それが習慣として身につき、無意識に働きかけることによって、目的を実現できるという行動心理学の法則です。

「インキュベートの法則」とも呼ばれています。

自己暗示の効果を高めるにも、この「21日間の法則」は有効です。

特に最初のうちは、自己暗示がなかなか無意識にまで届かず、効果も思うように出ないことも少なくありません。

慣れないうちは、第5章で紹介する自己暗示メソッドを行うときは、この「21日間の法則」の力を借りるために、21日間続けましょう。

「21日間の法則」について講義などでお話しすると、「21日間も続けること自体、難しそう」「21日間やろうと頑張ってはみたけれど、成功できなかった」という声も聞かれます。

それを助けるのが、自己暗示を使って、「魔法の暗示のことば」(自分で自分にかけたい暗示)を無意識に届けることです。これで、21日間続けることができます。

このとき使う「魔法の暗示のことば」は次のとおりです。

魔法の暗示のことば
「できる、できる、できる」

たったこれだけで大丈夫です。

自己暗示メソッドを行うときだけでなく、いつでもどこでも、この「魔法の暗示のことば」を唱え続けましょう。およそ22日目に無意識に暗示が届きます。

届いたら、あなたの夢は叶ったも同然です。

意識下で唱えた暗示を無意識に届けることで大きな効果が発揮されるのです。

自己暗示は、頑張ってするものではありません。

無意識の性質と力を理解し、無意識と上手につき合いましょう。

06 インターフォンを押すのが怖くなくなる！飛び込み営業の極意

ここからは、営業マンが良く対面するシチュエーションにおける、効果的なイメージトレーニングの仕方などについてお話ししていきます。

第5章の自己暗示メソッドと組み合わせて、活用してください。

飛び込み営業をするとき、不安や迷いが襲ってくることがあるでしょう。それは誰もが持っている無意識の性質で、飛び込み営業に対する感情を「今、この瞬間」に引き寄せてしまうからです。

飛び込み営業での行動は、次の三つの段階に分けることができます。

段階1　インターフォンを押す（または、ドアをノックする）

段階2　インターフォン越しに（ドア付近で）あいさつをし、名乗ってから訪問理由をひと言で伝える

段階3　出てこられた相手に笑顔であいさつをし、名刺を渡す

飛び込みができない、苦手だという営業マンに、なぜそう思うのかと聞いてみると、「あいさつが緊張する」「うまく話せるかが不安」「笑顔が苦手」など、実はバラバラです。

つまり、飛び込み営業が苦手なのではなく、苦手なことが一つあることで心の無意識が緊張の感情や恐怖の感情を引き出し、その感情が飛び込み営業のイメージとなり、動けなくなっているのです。

自己暗示を使って、目の前の一つひとつの行動に集中し、一つひとつ行動を積み上げていくことで、飛び込み営業ができるようになります（第5章「メソッド8」参照）。

たとえば、インターフォンを押すという動作が苦手という人はいないでしょう。ただ、ボタンを押すだけですから。

まずはインターフォンを押し、それから次の行動を考えればいいのです。

インターフォンを押し、相手が不在であれば、次の訪問先に向かい、インターフォンを押すだけです。

インターフォンを押し、相手が在宅だったときは、あいさつをして、名乗り、訪問理由を伝えます。

「○○社の△△です。ごあいさつに伺いました」

「この地区を担当しております。どうぞよろしくお願いいたします」

「名刺と自己紹介のちらしを持ってまいりました。お時間のある際によろしかったらご覧ください」

などと、セリフを決めておけば、慌てることがありません。

このときに役立つのが、イメージトレーニングです。隙間時間に行いましょう。

●イメージトレーニングの方法

最初は、「段階1」の行動のイメージをひたすら繰り返します。

インターフォンを見る。そこに手を伸ばす。指でボタンを押す……。

イメージを繰り返すうちに、具体的にイメージできるようになります。そうしたら、次の行動「段階2」をイメージします。

不安や恐怖を感じたら、右手をギュッと握りしめて覚醒しましょう（覚醒の方法は第5章「メソッド2」参照）。

「段階2」のイメージは、相手とのやりとりをイメージします。

インターフォン越しに、相手が対応してくださる……。

「はい、何ですか？」

「○○社の△△です。ごあいさつに伺いました。今日は、あいさつまわりでこのあたりを訪問させていただいております。少々、お時間よろしいでしょうか」

イメージの中では、心身ともに理想の営業マンになりきりましょう。あなたがなりたい人物、大好きな俳優、尊敬するトップ営業マンなどになりきると、楽しくなってきます。

「段階2」で緊張してしまうために飛び込み営業が苦手という人は少なくありません。

あいさつの前に深呼吸をして、心を落ち着かせるとよいでしょう。

冷たくあしらわれたり断られたりすることもあるでしょう。プラスの出来事だけでなく、マイナスの出来事もイメージで繰り返し練習しておきます。

「突然の訪問なのに対応いただきありがとうございました。また機会があればよろしくお願いいたします」

とさらりと言って、次の訪問先のインターフォンを軽やかに押しにいく。

こんなふうにイメージを広げていきましょう。

最後に、相手がやさしく迎え入れてくれた場合「段階3」のイメージトレーニングもやっておきましょう。

どんな人が現れるかわかりませんから、宝箱を開けるような感覚で、やさしい人や明るいキャラの人、おしゃべり好きな人など、イメージの扉を次々に開いてみましょう。

こうしてイメージトレーニングを繰り返していると、現実世界の扉が開かれることに怖さがなくなり、インターフォンを押すことが怖くなくなります。また、よろこばしくない事象が起きたときも、ただの現象ととらえて不安や恐怖の感情を断ち切ることができます。

実際に行動し、行動できたという結果を積み重ねていくと、一定量を難なくこなすことができ、人の倍以上の結果が残せます。

そのうちに意識と無意識が一致し、意識狭窄状態（ゾーンやフローの状態）に入るようになります。

その状態で飛び込み営業をしていると、次の行動に躊躇なく移ることができるようになります。無意識のうちに、一つひとつの行動を積み重ねることができるため、苦痛、恐怖などといった感情が起きなくなるはずです。

飛び込み営業に効く「魔法の暗示のことば」は、次のとおりです。どんどん活用してください。

魔法の暗示のことば

「一歩ずつ、一歩ずつ、一歩ずつ」

「できる、できる、できる」

「行動、行動、行動」

「楽しい、楽しい、楽しい」

「よくやった」

07 かける時間が10分の1になるテレアポ営業術

「テレアポ営業がつらい」という相談を受けることは少なくありません。

「苦痛でたまらないのに、上司が、1日100件かけるようにと詰めてくる。どうしたらいいのかわからない」といった環境に悩んでいる人は、今なお、多いことでしょう（もちろん、テレアポが好きで得意な人もいます）。

実は、できる営業マンに変わると、既存顧客への深耕訪問、そして、顧客の方たちからの紹介のみで、営業ができるように変わります。向こうからあなたの元に人が集まってくるので、テレアポをする時間は10分の1、いえ、ゼロにすることだってできるのです。

そうなるには、無意識に寄り添うテレアポが有効です。

ポイントは次の三つです。

1　自分が売りたい商品・サービスを一つに絞る

あなた自身が売りたい商品、これはいいと思えるサービスを一つに絞って（決めて）おきます。売りたくない商品、自身がいいと思えないサービスを売ろうとすると、無意識で、かけることへの拒否反応が出てきてしまいます。

2　「かけ先リスト」を充分な量、確保しておく

せっかく、意識と無意識を一致させているのに、かけ先がなくなっては、成果は当然上がりません。余るほど十分な量を準備してから臨みましょう。

3　かける時間、量を最初に決めておく

いつまでかけようか、どのくらいの件数かけようか、などと途中で雑念が入ったりしてしまうと集中力が途切れてしまいます。この時間までは、ただひたすらテレアポに集中できるようにしておきましょう。

この三つを押さえてテレアポを始めれば、３カ月後には既存のお客様先回りで時間が満

たされて、新規営業にかける時間を10分の1に減らせます。

つまり、事前準備が大きなカギとなるのです。

事前準備には、イメージトレーニングも含まれます。テレアポの前に行いましょう。

●イメージトレーニングの方法

三つのポイントに沿って、一連の行動のイメージをひたすら繰り返します。

自分が売りたい商品、サービスを一つ絞り、かけ先リストを作っていきます。ウェブサイトや会社情報、電話帳から、顧客名、電話番号、住所などを探して、エクセルに打ち込む自分の姿をイメージします。

続いて、テレアポです。テレアポを始める前に、取り組む時間を決めます。たとえば、「15分間は連続してどんどんかけていく」と決めたら、受話器（電話）を手に取ります。

受話器（電話）を耳にあてると、ツーと電子音が聞こえてくる。番号を押す。プッシュ音が鳴る。呼び出し音が聞こえる。相手が出る。あいさつをして、会社名と名前を名乗り、代表者（担当者）に代わってもらえるよう依頼する……。

　不在と言われたら、いつ頃だったらいらっしゃるのか。午前中と午後はどちらのほうがいらっしゃるか、と尋ね、情報をメモし、再度、会社名と名前を名乗り、「また、お電話します」と言って電話を切る。切れていることを確認したら、次の相手に電話をかける……。

　キーマンが電話に出られたら、会社名と名前を名乗り、電話に出ていただいたお礼、電話をした趣旨を伝え、相手の声色、息づかい、返事など、反応を確認する。反応がよければアポ取りを、悪ければ対応いただいたお礼を伝え、相手が電話を切ったのを確認したら受話器を置く（電話を切る）……。

　また、イメージトレーニングで行った会話の詳細はできるだけメモに残しておきます（「スクリプト（会話文）」の作成といいます）。演劇の台本のように作成しておき、実際のテレアポの際には、これを読んでいきます。すると、相手の反応が良くても、悪くても、想定内の出来事となるので、慌てることがなくなります。スクリプトを見なくても、スラスラと言葉を返せるようになった時、テレアポが得意になっていることに気づくでしょう。


営業の仕事は、あなた自身が「楽しい」と感じてやれていることがいちばんです。

テレアポが苦痛なら、無理して多くの時間を使い、件数をこなす必要はありません。

もちろん、上司からの指示には対応する必要はありますが、その場合でも、かけ続ける時間、件数などは、あなたが決め、決めた分だけやりきります。そして、隙間時間に、好きな行動・得意な行動を入れ込みましょう。

アポイントがとれ、契約に結びつくようになれば、周りもあなたのやり方を認めるようになっていきます。

テレアポに効く「魔法の暗示のことば」は、次のとおりです。

魔法の暗示のことば

「一件、一件、一件」

「興味、興味、興味」

「(相手の話を)聞く、聞く、聞く」

「(相手の雰囲気を)感じとる、感じとる、感じとる」

「決めた分だけはやりきる、やりきる、やりきる」

08 売れる営業は人を区別しない

男性、女性。イケメン、美人。金持ちそう、貧乏そう。人当たりが良い、悪い。頭が良い、悪い。太っている、やせている。背が高い、低い。年上、年下……。無意識で相手と自分を比べてしまって、区別してしまうことが日常ではよくあるはずです。

でも、営業をしているときは「区別すること」を意識してやめてみましょう。区別しすぎると、営業できる対象を減らしてしまいます。

営業をしているあなたは「区別しすぎること」を極力避けることです。

たとえば、高そうに見える腕時計をしている相手に出会ったときに、高そうだなあ、と区別するところまではいいでしょう。でも、区別しすぎて「こんなに高そうな腕時計をしているということは、高い商品でも買ってくれるはずだ」などと決めつけたり、「お金持ちは性格が悪いと聞いたことがあるから近づくことはやめておこう」などと考えたり、「怖そうな人だなあ。今日は、面談だけど緊張するなあ」なんてことになると、冷静さを欠いていると言わざるを得ません。

人は複雑な生き物です。自分で自分のことがわからないと感じたことのある人もいることでしょう。高そうに見える腕時計をしていたとしても、あなたが思っている人とはまったく別人格である可能性も高いということです。

相手を区別しすぎているときは、本来あなたがすべき行動から心がそれてしまっています。

すべき行動に意識を戻す。自己暗示でこれをしておかないといけません。一点集中状態を何度も繰り返しつくっていると、心が本来あるべきところに向けられて、区別しすぎるようなことはなくなります。

一点集中力をアップさせるイメージトレーニングは、次のとおりです。

●イメージトレーニングの方法

夜、寝る前に、目を閉じて、自分が今日人と比べてしまったこと、そして、それをどのようにやめたかを、こまかに振り返ります。

朝、通勤電車で同じ車両に乗り合わせた人がスマホをひたすらタップしていた。「自分の使っているスマホより高そうだ」と感じた。自分の心が無意識に「人と比べてしまっている」ことに気がつき、考えるのをやめて、正面に見える電車の窓の向こう側に視線を移した。ビルとビルの隙間に公園が見えた。緑の芝生のうえで、フットサルをしている人を眺めていると、気持ちがスッと落ち着いてきた。もうすぐ、下車する駅だ。「今日も、一つ、一つ、目の前の行動に集中して営業をしよう」……。

人を区別しなくなると心が静かになり、営業がよりうまくいくようになります。

人を区別しない人は、相手の心、思いに寄り添えるからです。無意識の性質である「ワンネス」とうまく寄り添っている人は、魅力的に映るのです。

営業の仕事は、多様な種類の人と接することです。だからこそ、意識して人を区別するのをやめましょう。

区別するのをやめないと、次第にエスカレートしていき、回りまわって大きくなって自分にブーメランのように返ってきます。

「あの人は、人を区別したがる」

そんな評判が立ってしまうと、営業の仕事は絶対にできません。働きづらい環境、人を寄せつけない環境を引き寄せてしまい、結局、大きなダメージを受けるのは自分です。

また、区別することにエネルギーを注がなくなったら、本来の正しい目的にエネルギーを一点集中して注ぎ込めるようになります。その分、契約をとるためのアイデアがあふれ出して、前向きな行動を連続してできるようになります。

魔法の暗示のことば

「比べたことを許します、許します、許します」
「大丈夫、大丈夫、大丈夫」
「穏やか、穏やか、穏やか」
「一点集中、一点集中、一点集中」
「平静、平静、平静」

09
ランキング下位から一気に駆け上がる方法

気にしないようにしても、気になってしまうのが営業成績です。ここでは、自己暗示の力でランキング上位に駆け上がる方法をお伝えします。

といっても、簡単です。

あなたが、「自分が1位になるのがあたりまえだ」と信じ込めれば、簡単にランキング1位になれます。今は心からそうは思えないはずです。会社がつくったルールのランキングでは、「自分が1位になれるわけない」と無意識で感じてしまっているからです。

まずは、自分でルールをつくり直すことです。そして、あなたのつくったルールで1位になることを目指しましょう。

先日、ある動画を見ていました。将棋のプロ棋士が、お笑い芸人と対戦していました。

遊びでしか将棋を指したことがないお笑い芸人では歯が立ちません。そこで、スタート時にプロの持ち駒の数を減らすことにしました。しかし、お笑い芸人は簡単に負けてしまいます。そこで、最後にはプロ棋士が王将だけで勝負することになりました。すると、とうとうお笑い芸人がプロ棋士を負かしてしまったのです。

営業も、同じです。

ルールをつくってさえしまえば、どんなトップセールスマンにも勝つことができます。「朝いちばんに誰よりも早く顧客先にたどり着いた人が勝ち」、あなたがカラオケ好きなら、「今月は、顧客先に行って、お客様の好きな曲が何かを聞く。その情報を誰よりも多くとった人が勝ち」とルールを変えてしまいます。

勝てるルールを自分でつくって1位になるというわけです。会社のつくった「一定期間で契約をたくさんとれたら1位」といったルールは、いったん忘れてしまいましょう。ルールは、あなたの心の中で変えるだけで大丈夫。会社や上司に言う必要はありません。同期がそのルールで競い合ってくれるのなら、みんなで楽しみながら競いましょう。

得意なことで勝負する営業は、無意識から楽しめて、いつもの営業とはまるで異なる心底楽しい営業になるはずです。営業マンの心がいつも楽しさに満たされていれば、結果も楽しさを引き寄せてきます。すると、信じられないかもしれませんが、会社が決めたルールの中でもいつの間にか勝てるようになっていきます。

意識で楽しい営業をしようと舵を取り、無意識でめいっぱい楽しむ営業をしているからトップセールスになれてしまうのです。

しかも心から楽しみながら、です。

会社のルールで1位になれている人は、その人の無意識でやりたいこととルールが一致していただけです。だから、あなたはあなたの無意識（心）に寄り添ったルールで1位になればいいのです。好き、得意な行動で1位になると、1位になることを覚え、知らず知らずのうちに、会社のつくったルールのもとでも1位になれてしまうのです。

●イメージトレーニングの方法

自分のテーマ曲を持ちましょう。自分が好きな曲、元気になる曲、前向きになる曲を選

自分が 1 位になるためのルールづくりのコツ

114 ページでお話した、
自分が 1 位になるための具体的なルールのつくり方は次のとおりです。
「マインドマップ」というアイデア発想法を活用します。

1　白紙のコピー用紙を 1 枚用意し、紙の真ん中あたりに円を描き、その中に「自分が 1 位になるルール」と書き込む。

2　中心の円から枝を伸ばし、その先に実がなるように円を描き、そこに思いつくままにアイデアを書き入れていく。

3　白紙が埋まるくらいまでの意識で書き込めたら、自己暗示に入り、意識から無意識へバトンタッチする。

4　「深呼吸→魔法の暗示」の後に、今書いたマインドマップを思い浮かべ、無意識でさらにイメージを広げていく。

5　無意識の世界で想像を広げ、自由に、楽しく、あなたならではの競争のルールをつくっていく。

6　できあがったら、意識を戻して、そのルールのもとで行動開始する。1 人で行ってもいいし、同期や仲のいい先輩、後輩を巻き込んでも OK。

イメージの中のマインドマップは、立体的、カラフルにすることもできます。円の実から音楽が流れてくるかもしれません。マインドマップから大きく伸ばした枝の上を、自転車に乗って走り回ることも、なんだってできます。自由に発想しましょう。

そのルールでは、必ずあなたが勝利をつかんでください。1 位になれると信じ込むことができたそのときにはもう、あなたはトップセールスマンに生まれ変わっているでしょう。

びます。その歌の主人公になった自分をイメージするのです。そして、その曲の歌詞の中からいちばん好きなフレーズを選んで「魔法の暗示のことば」にするといいでしょう。

たとえば、「どんなときも」という曲を選んだなら、〝どんなときも〟一心に一つの行動に打ち込んでいるドラマの主人公のような自分の姿を思い浮かべてみましょう。

苦しくても、テレアポをして、アポイントをとり、顧客の本当の問題を解決しようと、目的地に向かっている姿などをイメージします。

実際、自己暗示をするときも、魔法の暗示のことばを「どんなときも」にして、どんなときも前に進める、強い心の自分に変わることをやっておきましょう。

魔法の暗示のことば

「自分らしく、自分らしく、自分らしく」
「いける、いける、いける」
「もっている、もっている、もっている」

10 意思疎通がスムーズになるオンライン営業術

オンライン会議になると、いつもより緊張してしまう人もいるのではないでしょうか。

現場ではお互いの気配、雰囲気を感じながら会話ができますが、画面越しではなかなかそうもいきません。

また、画面に映る自分の姿に気をとられたりして、会話に集中できないという話もよく聞きます。

オンライン会議では、いつもの営業の力が発揮しにくいうえに、自分の意識と無意識を相手の心に向けておかないと、意思疎通がスムーズに行えません。

そうならないために、オンライン会議をイメージトレーニングで行い、自分があるべき姿を意識するようにしましょう。

●イメージトレーニングの方法

オンライン会議がはじまりました。相手は1人です。あなたは、現場営業と同じように相手の目をしっかりと見ています。

相手が話をするたびに、しっかり、あいづちを打つことができています。現場営業よりも大きなリアクションをとっています。

相手に聞こえるように、「はい」とはっきり返事をして、大きく頷くことで相手も「きちんと自分の声が届いているのだ」と安心した顔つきになってきました。

相手の声が聞き取りにくく、あいづちをしそこなったときは、とっても不安な顔つきをされます。

そこで、返事の際には、「そうですね」「わかります」「たしかに」「なるほど」「はい」などと、きっちり返し、聞こえづらかったときは、「すみません、もう一度、お話ししていただいてよろしいですか」と問い直すようにしました。

相手の言葉を復唱しながら、相手の反応を目で確認して、タイミングよく、大きく頷きながら商談を進めています。

最後には「ありがとうございます」と伝えて、深くお辞儀をして、オンライン会議の画面を閉じました。

なお、オンライン会議で重要なのが「あいづち」です。現場営業でも重要ですが、あいづちでは普段以上のリアクションをとることがポイントです。

はっきりと声に出して返事をしたり、1度ではなく2度、3度と首を大きく縦に振ってうなずいたりすることが大切です。オンライン会議では、あいづちが少し遅れて相手に届いているので、より大きなリアクションが必要です。あいづちが届かないと、相手は不安や不満を感じてしまうからです。

相手がこちらを見ないで話している場合もあるので、「そうですよね」「わかります」「たしかに」「なるほど」「はい」などと声を出して答えましょう。

相手の言葉を復唱しながら、相手の反応も確認して、タイミングよくあいづちを送るのも効果的です。

意識と無意識を一致させることで、オンライン会議でもうまく意思疎通ができるようになります。

自己暗示を使うことで、あなたは、1対1の商談でも、1対50のプレゼンでもきちんと自分の意識を伝えられるようになります。

どうしても緊張してしまう場合は、あなたが落ち着ける音楽を聴きながら臨むといいでしょう。オンライン会議では、相手の声を聴くためにイヤフォンをすることもめずらしくありませんので、片耳にイヤフォンをしていても相手にとって違和感はありません。

試してみてください。

魔法の暗示のことば

「わかる、わかる、わかる」
「相手に興味を持つ、興味、興味、興味」
「相手を思う心、心、心」
「相手の良いところに気づく、気づく、気づく」
「しっかり聞く、聞く、聞く」
「あいづち、あいづち、あいづち」

11 営業メールに文章のうまさは必要ない

営業マンは、メールを書く仕事も少なくありません。

メールが苦手で、悩ましく感じている人もいるのではないでしょうか。


「会って話せればすぐに解決するのに」

「文章を書くのは苦手。面倒くさい」

「私のメールが悪い印象を与えてしまうのではないか……」


このように思ったことのある人もいるでしょう。

しかし、営業メールに文章のうまさは必要ありません。営業で相手と向き合うときに必要なことは、相手に一心に興味を持つことです。これは、メールも同じです。意識と無意識を一致させて、あなたはメールを打てばいい。時候のあいさつやご機嫌とり、駆け引きなどに気を奪われる必要はありません。

自己暗示を使った営業メールは、より難しい、プレッシャーのかかる場面でこそ効果を発揮します。

そのため、次のようなイメージトレーニングが効果的です。

●イメージトレーニングの方法

直属の上司に対して感謝のメールを打ちます。

これまで一度も、上司に日頃の感謝を伝えるメールを書いたことなどないかもしれません。イメージであっても、はずかしいと感じる人も多いでしょう。

ですが、教えてくれたこと、今、この環境で働かせてもらえていることなど、感謝できることがたくさんあるはずです。イメージを膨らませて書いてみてください。

「上司や周りの同僚たちにバカにされるかもしれない」

「媚《こ》びを売っていると勘違いされそう」

「なにより、上司に変に思われそう」

などといった感情が湧いてきて、書き続けることに躊躇するかもしれませんが、まずは、書きあげることに集中しましょう。イメージトレーニングを続けていくうちに、感情をコントロールできるようになり、メールを書くことが苦痛に感じなくなってきます。


なお、イメージトレーニングの中で書いたメールを、上司に送る必要はありませんが、実際に書きあげて送ってもかまいません。

「こんなことできない」と思っていたことに挑戦するわけですから、この行動は恐怖突入となります。上司の反応を確認できれば、あなたの営業力はワンステップ向上することになります。

魔法の暗示のことば

「書く、書く、書く」

「やさしさ、やさしさ、やさしさ」

「伝わる、伝わる、伝わる」
「感謝、感謝、感謝」
「しあわせ、しあわせ、しあわせ」

どのように営業活動を行うかについて迷う時は、たいてい「今、何をすべきか」を見失っている、もしくは、集中できていないものです。

自己暗示で、一点集中状態に入ることで、迷いや雑念がなくなり、すべきことに注力できるようになります。はじめのうちは、その効果を感じることができないこともありますが、続けてください。そのうち（22日目など）、ふと効果を意識することになるはずです。

この積み重ねによってあなたの営業力は確実にアップし、成果もついてきます。まずは、はじめてみてください。

第4章

潜在意識と三つのアイテムで成果を上げる

01

潜在意識と寄り添うための三つのアイテム

自己暗示で営業を行うにしても、暗示の後には「行動」が必要です。適した行動をすることではじめて、目標を達成できるからです。

行動と聞いて不安になる人もいるでしょう。でも、心配はいりません。次の三つのアイテムを使うことで、あなたという営業マンが、どんな行動をとれば、また、どれだけ行動すればうまくいくかが、わかるからです。

1　ルーティン化スケジュール表

日々の営業活動の〝主軸となる行動〟を決めるシートです。

スケジュールを立てることで「これから何をしようか？」などと、悩まなくて済むようになるだけでなく、ルーティンが明確化されて常にやるべきことがわかるので、安心して行動できます。一点集中の状態で行動できるようになります。

2 潜在意識に寄り添う月報（月報）

1カ月の目標を達成するための管理シートです。
月報を作成することで、自分で決めた目標の進捗状況を確認することができ、「目標達成しなければ！」などと過剰に力むことがなくなります。無意識のパワーを、目標達成に向けることができます。

3 行動量ノート

目標達成までどのくらい行動（面談など）すればいいのか、どんな情報を集めると有効なのかが、自分の行動を通して見つけられるシートです。ほかの誰のパターンでもない、あなたの成功方程式がわかります。

行動すればなんとかなる、と言われても、今、やっている行動に疑問を感じながら活動していると、ストレスが溜まるばかりで、成果も上がってこないでしょう。

この三つのアイテムを活用すると、普段、自分がどういう行動をとっているか、どういうときにうまくいっているか、もしくは、どこが足りていないかがわかります。

「この部分をこうすればうまくいくかも！」と感じたら、すぐにその場で行動をアップデートする。すると、営業活動は科学の実験のように楽しくなり、結果、潜在意識に寄り添った営業活動ができるようになり成果もウンと上がります。

成果を出し続けている営業マンは、潜在意識（無意識）に寄り添った営業をしています。だから、目標を達成し続けることができているのです。

営業活動と潜在意識を結びつけるのが、この三つのアイテムなのです。三つのアイテムをつくりはじめたときから、あなたの思考はできる営業マンの思考に変わります。

それぞれのつくり方と活用法を本章では紹介していきます。

白紙（ノート）とペンさえあれば、誰でも簡単につくることができるので、あなたが取り扱う商品・サービスに合わせて作成していきましょう。

02 「ルーティン化スケジュール表」で自分の行動を洗い出す

「ルーティン化スケジュール表」をつくる目的は、あなたが「一点集中状態でできる行動」を見つけることです。

ルーティン化とは、毎日午前中に15分間、テレアポをし続けるなど、一定期間、同じ時間帯に同じ行動を繰り返すことをいいます。

あなたにも無意識なうちにルーティン化されている行動があるはずです。それが、成果の上がるルーティン活動に変わると、無意識にできる成果の上がる活動に、今すぐに変えることができるのです。

最適化されたルーティン活動を一点集中状態でやっていると、「いつだってノルマを達成できる」と心に余裕が出てきて、営業活動そのものが楽で、ワクワクするものに変わっていきます。

【ルーティン化スケジュール表のつくり方】

1　Ａ４サイズの白紙とペンを準備する［図１・１３３ページ］。

2　営業時間を書き込む（手書きで）［図２・１３３ページ］。

3　日頃使っている日報やスケジュール帳を確認しながら、これまであなたが行ってきた営業行動で、すでにルーティン化していることがあれば書き込む。

たとえば、「この1カ月間は、午前中は既存先訪問をやり続けていた」「午後からは飛び込み営業、集金をしていた」という場合は、［図３・１３３ページ］のように書き込みます。

時間帯が決まっていない場合（３日おきくらいで、他のルーティン化された活動パターンがある場合）は、別の用紙を使って［図４・１３３ページ］のように書いておきます。

ルーティン化していることがない、行動記録を残していないからわからない、という場合は、空白のままにしておきます。

日頃何をしているか、思い出せない、書き出し方が難しいなあと感じたときは、１３５ページの「営業活動の例」を参考に考えてみてください。あなたが日頃やっている行動、よくやっていることを、「ルーティン化スケジュール表」にそのまま入れ込めばＯＫです。

図 1

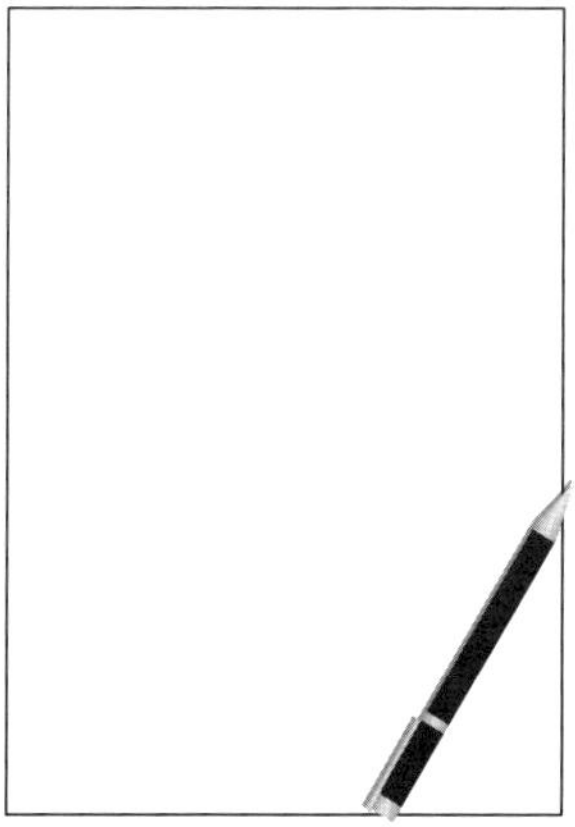

図 2

8 時	
9 時	
10 時	
11 時	
12 時	
13 時	
14 時	
15 時	
16 時	
17 時	
18 時	
19 時	

図 3

8 時	出社・掃除
9 時	朝礼・会議
10 時	既存先訪問開始
11 時	
12 時	既存先訪問終了
13 時	飛び込み営業開始
14 時	飛び込み営業終了
15 時	既存先へ集金
16 時	支店に戻る
17 時	日報記入・提出
18 時	退社
19 時	

図 4

8 時	出社・掃除
9 時	朝礼・会議
10 時	飛び込み営業開始
11 時	
12 時	飛び込み営業終了
13 時	既存先訪問開始
14 時	
15 時	
16 時	既存先訪問終了
17 時	支店に戻る
18 時	日報記入・提出
19 時	退社

ここではまず、現状をありのままに書くことがポイントです。

ある営業マンは、朝、ファストフード店に行き、新聞を1時間読むのがルーティン活動でした。

それを書き出した自身の1日の行動を見て、「これではうまくいくはずがない。すぐさま、行動を変える必要がある」と無意識で感じたようで、「ルーティン化スケジュール表」を新たにつくっていました。

今では、ノルマに対して余裕を持った活動に切り替え、長い時間、一点集中できています。


自分らしいやり方が見つかると、楽に成果を出せるように変わります。

時間が経つのも忘れるほど、行動に集中できれば、成果も自ずと上がります。他の人のやり方が気になったとしても、ここまでやってきた自身の行動をありのままを書き出しましょう。

営業活動の例

- 営業会議
- テレアポ先の抽出
- 新規営業先へのテレアポ（電話発信）
- 飛び込み営業
- 既存先へのルート営業
- アポイントがとれた先への訪問
- 紹介依頼活動
- 会議資料やチラシ等の作成
- ダイレクトメール・チラシなどの作成
- 集金
- 商談

……など

03 一点集中できる行動を見つける

「ルーティン化スケジュール表」をつくったら、あなたが「一点集中状態でできる行動」を決め、行動していきましょう。

まず、書き出した行動の中から、あなたにとっていちばん好きな行動、いちばん得意な行動を一つ選びます。

そして、選んだ行動を組み込んだ毎日の「ルーティン化スケジュール表」に組み込みます。このとき、会社から「これをするように」と決められた行動も入れ込んでください。

あとは、「今日からはこの行動をルーティン活動にして一定期間やり続ける」と決めて、行動を開始するのみです。この一定期間は、第3章でお話しした「21日間の法則」にのっとり、21日間がベストです。

ただし、頑張りすぎは禁物です。いくら決意しても、最初から長時間集中して取り組むことは、誰だって難しいものです。まずは無理せず、15分やり切ったら、休憩をとり、自己暗示を行うことから始めてください。

ここで行う自己暗示は、「4・7・8呼吸法→自己暗示→魔法の暗示のことば→覚醒暗示」のセットです（以下、基礎自己暗示Aといいます。詳細は第5章参照）。

自己暗示を終えたら、「15分集中したから、次は20分集中してみよう」などと、時間を増やしていきましょう。この一連の動作を積み重ねていくことで、だんだんと集中できる時間が増えていきます。

また、選んだ行動に時間を費やす分、成果を追い求めて無理して行っていたものを減らします。無理してやっていた行動に費やしていた時間や労力を、いちばん好きな行動、いちばん得意な行動にシフトすることで、一点集中状態でできる環境をつくることができます。

もし、普段の仕事に「好きな行動、得意な行動なんか一つもない」と感じているならば、まっさらな状態からスタートしましょう。

「これからは、好きな行動、得意な行動で、成果を出していく」と決めて、自分に合ったルーティン活動を探っていきましょう。

やってみて、なかなか集中ができないときは、選んだ行動があなたにとって正しいものではないということです。その時は、違う行動を選び直し、あなた自身が一点集中でき、しかも納得してやっていける方法を探っていきましょう。もちろんこの場合も、会社から「これをするように」と決められた行動は行ってください。

どんなに考えても、「営業で好きな行動、得意な行動なんかない」「ルーティン化したい行動を絞れない」「うまく集中できない」というときは、「マインドマップ」をつくりましょう。

作成した「ルーティン化スケジュール表」を裏返し、白紙の真ん中に丸を書いて、その中に「大好きなこと」と書きましょう。裏側が白紙でない場合は、別の紙を用意します。「大好きなこと」は、仕事に関係なくてもかまいません。学生の頃のサークル活動、バイトでの経験、趣味や遊びも含めて、幼い頃までの記憶を遡れば、白紙がどんどん埋まっていくはずです。

大好きなことが、野球観戦だとしたら、それをそのまま記入します。カフェに行く、ライブに行くなど、営業活動に関係なく大好きなことを書き出します。

マインドマップ

ルーティン化スケジュール表の裏に
めいっぱい書き出しましょう。

（書き方例）

大好きなこと

サイクリング
ドライブ
愛犬と散歩
ライブに行くこと
野球観戦
雑貨集め
ネットサーフィン
昼寝
カフェに行くこと
お城探検
新しい出会い
読書
仲間との会議
対戦ゲーム
海外旅行
おしゃべり

「もう書ききれない、ギブアップだ」と感じるまで、ここは頑張って書き出してください。

これ以上、出ないというところまで書き上げたら、自己暗示を行います。ここで行う自己暗示は、「4・7・8呼吸法→自己暗示→弱めの覚醒暗示」のセットです（以下、基礎自己暗示Bといいます。詳細は第5章参照）。

ギブアップまで頑張った後に自己暗示をする理由は、「いい方法を見つけたい。でも、意識の力ではいい方法が見つからなかった」といった状態で意識の力を弱めると、今度は、無意識（潜在意識）がその空白を埋めようと力を発揮するからです。意識の力だけで探していたときとは比べ物にならないほど、膨大な記憶からアイデアを生み出すことにつながります。

自己暗示で無意識にシフトしたことで生み出されてきたアイデアを書き込んだら、マインドマップは完成です。あとは、その中からワクワクする出来事を一つ選んで、営業行動と結びつけましょう。

たとえば、次のように行います。

「野球観戦に行くと楽しかった。帰り道の夜風は気持ち良く、友達とのおしゃべりも最高だった。そのときの話を営業先の人とも話せたら楽しいし、盛り上がれるかもしれない」

すると、「ルーティン化スケジュール表」には、「既存先訪問：野球観戦の話」などのように書き込みましょう。まだルーティン化できていませんが、「これからする」と決めたことを書き込んだら、実際の行動を開始します。毎日、できるだけ同じ時間帯に30分でも15分でもいいので、野球観戦の話をしにいく既存先を探し、訪問しましょう。

「それで結果は出せるのか」

「好きなことで営業するなんて、さぼっているみたいだ」

などと、不安に感じるかもしれません。

しかし、嫌いなことや不得意なことを続けても結果は出ませんし、良いお客様との出会いに結びつかないことが多いのも事実です。嫌いなことに対して、人は夢中にはなれないからです。

夢中になれる行動を一つ見つけて、
1日のうちの15分でもいいから続けてみる。
そうすることで、あなたならではの正しい活動がわかってきます。

長く営業を続けられている人や成績トップの人たちは、自身が夢中になれること、得意なことを見つけることからはじめています。成果を出せるようになってからも、それをずっと続けています。それは、続けることで結果が出ることがわかっているからというのはもちろん、それより何より、やっていて気持ちが良いからです。活動中、平静でいられて、相手の本当の問題を解決できたときは共によろこび、共に感動できています。

決めた一つの行動を、毎日30分、1時間、2時間……と少しずつ伸ばしながら行い続けていくことができれば、結果は自然についてきます。

さらに、好きな行動ができる営業の仕事が、どんどん楽しくなっていくはずです。仕事への迷いや不安もなくなっていきます。

また、いくつかの大好きなことを試してみて、結果が良いときの行動時間を増やし、結果が悪いときの行動時間を減らすのも一つの手です。

続ける行動が絞れてきたら、133ページで作成した「ルーティン化スケジュール表」が1カ月あたり1枚、つまり、行動パターンを一つに固めることを目指して、これからの営業行動を見直してみましょう。より充実した営業行動に変わります。そこから、大切なお客様との長いつき合いがはじまります。

04
「潜在意識に寄り添う月報」で、今、この瞬間の効果を上げる

「ルーティン化スケジュール表」ができたら、次は「月報」をつくります。

月報というと、月末や月初など、月に一度、その月の目標に対して行ったこと、日報の数字の累計や振り返りなどを記し、上司に提出するものを思い浮かべることでしょう。

ですが、私がオススメする「月報」はまったく違います。

使うだけで、潜在意識に寄り添うことができるので、自分でも信じられないほどの成果を引き寄せます。この月報を「潜在意識に寄り添う月報」と呼びます。

潜在意識の性質を無視して営業を行っても、あなたの才能を活かすことはできません。

まずは、みなさんが会社などで使っている月報と、「潜在意識に寄り添う月報」とは、いったいどう違うのか、具体的にお話ししましょう。違いは大きく次の五つです。

1　自分で決めた目標を書く

「潜在意識に寄り添う月報」には、会社から決められたノルマではなく、自分で決めた目標を書き込みます。

「無理かもしれない」「達成できないだろうなあ」と思う目標を書いても、潜在意識が「無理」「達成できない」とはじめから決め込んでしまうため、どんなに頑張っても達成できません。潜在意識は否定を認識しないので、「絶対に達成できる目標」や「できると信じ込める目標」を意識させることが大切です。目標を実現することが、まずは必要なのです。

2　単語（キーワード）や枠を活用して記す

「潜在意識に寄り添う月報」には、まず、商談相手の名前や確認すべきことのキーワード、状況を書き込むための枠をつくり、あとは書き込めばいい状態に仕上げておきます。

潜在意識には空白を埋めようとする性質があります。そのため、書き込みができていない枠を見ただけで、無意識に、ルーティン活動の時間を増やさないと、アップデートしないと、などと感じ、即、行動を起こそうとします。

反省や自分へのダメ出しなどは書きません。文章で書いても潜在意識にはなかなか届かないため、意味がないからです。

潜在意識にあるのは、「今、この瞬間」だけです。なるべく単語や枠だけを使い、瞬時に目に飛び込むように記すことで、潜在意識に伝えることが必要です。そうすることで、事実や行動だけに一点集中できるように変わっていけるはずです。

3 誰にも見せない

「潜在意識に寄り添う月報」は、会社の上司や同僚に見せるものではありません。そのため、何を書いても、誰からも注意されることはありません。

会社から与えられた目標管理のための月報ではないので、自分に素直になって、向き合うことができます。

4　目標数字を瞬時に把握できる

営業数字は、毎日、毎分、毎秒、変化します。新規の申し込みがあれば目標数字に近づき、解約されれば顧客が減って目標数字が遠ざかるため、行動も、当然、変化します。ところが、会社から与えられる営業ツール（日報など）の多くが、こうした状況の変化に対応していません。そのため、目標数字と現実と行動計画が合わなかったり、対応が遅れるなどして、成績に結びつかないことが少なくないのです。

現実を変えられるのは、今だけです。今、この瞬間の状況に合わせて対応を変えていく必要があります。「潜在意識に寄り添う月報」には自分で決めた目標を書き、結果も現場でその都度、記入するため、常に、今の目標数字やすべきことが見えるのです。

5　ＰＤＣＡを一瞬で回せる

成果を出し続けている営業マンは、ＰＤＣＡサイクルをきちんと回すことで成果を出しています。一つひとつ、自分の行動を意識しているのです。ＰＤＣＡとは、「Ｐｌａｎ：計画」「Ｄｏ：行動」「Ｃｈｅｃｋ：反省」「Ａｃｔｉｏｎ：更新」の４段階を繰り返すことで業務を継続的に改善していく手法です。

「潜在意識に寄り添う月報」は、その場、その場で行動と結果を書き込み、アップデートし、次の行動を決めるため、開くたびに「ＰＤＣＡ」が回ることになります。

この五つの違いは、「潜在意識に寄り添う月報」の性質であり役割ともいえます。

潜在意識に寄り添うには、使う道具を替えるのがいちばんです。今、この瞬間の行動が、目標に向けて正しくなっているか、一点集中できているかを確認できる道具を使いましょう。

05 中継地点に確実にたどり着く

「潜在意識に寄り添う月報（月報）」の書き方は、とてもシンプルです。
まずは基本的な書き方をお伝えします。

【潜在意識に寄り添う月報（月報）のつくり方】

1　目指すべき目標に向けて、まず実現できそうな目標（中継地点）を定める。
2　A4サイズの用紙に1で定めた目標・項目・枠を書き、チェック欄を設ける［図5・149ページ］。
3　月報は折りたたみ、毎日、持ち歩き、一つの営業行動が終わるごとに開き、できたことをチェックする。
4　目標が1カ月かからずに達成できてしまった場合は、残りの期間でできる目標を加え、

例：目標を「今月中に5人と面談する！」とした場合

図5　月報

目標　今月中に5人と面談する！

	項目	チェック欄
1		
2		
3		
4		
5		

翌月は、もう少し背伸びした目標を自分で決める。

「ルーティン化スケジュール表」「潜在意識に寄り添う月報（月報）」の具体的な活用法を、事例で見ていきましょう。

Aさんは、新車販売ディーラーで働いています。

Aさんが働くショップでは、土日にイベントを行い、そのイベントに来られたお客様からアンケートをとり、その後、営業マンが電話をしてアポイントがとれたら訪問、という営業活動を行っています。

Aさんは、会社から「毎月新車3台を販売すること」を目標（ノルマ）として与えられていたため、土日はイベントの運営に力を費やすこと、平日10時から12時にテレアポをして、午後はアポイントが取れたお客様を訪問することを、自身のルーティンとして定めることにしました。

そこで、通常時の「ルーティン化スケジュール表」を［図6・151ページ］のとおりに、イベントがある土日は、［図7・151ページ］のとおりに作成、行動することにしました。

また、Aさんは、野球観戦が大好きだったため、得意な行動を「野球の話をすること」

図6　ルーティン化スケジュール表

8時	出社・掃除
9時	朝礼・会議
10時	テレアポ開始
11時	
12時	テレアポ終了
13時	テレアポ先に訪問
14時	
15時	テレアポ先への訪問終了
16時	店舗に戻る
17時	事務処理
18時	日報記入・提出
19時	退社

図7　ルーティン化スケジュール表（イベント時）

8時	出社
9時	イベント準備開始
10時	
11時	
12時	イベント準備終了
13時	イベントでアンケート集め
14時	
15時	
16時	
17時	イベント終了・退社

と決め、好きな球団のグッズを常に身につけるようにしました。それにより、あまり得意でないテレアポも、電話の相手を訪ねてグッズを見せることを目的として考えることで、積極的に取り組み、集中して行うことができています。グッズを身につけていると好きな球団の選手たちから力をもらっているように無意識で感じられて、集中力を持続させることができています。

得意な行動が、すべての活動にプラスに働いているのです。

続いて、Aさんは、「潜在意識に寄り添う月報（月報）」を作成しました［図8・153ページ］。

会社から与えられた目標（ノルマ）が「今月中に新車3台を販売すること」であったのに対し、Aさんは、自分で「達成可能な目標」として、「まずはイベントに来店された方のうち5人とアポイントをとり、面談をする」と目標を決め、5人とアポイントをとるための枠を定めました。

「5人とアポイントをとるだけでは、新車を3台販売という目標達成に対して足りないのでは」と思うかもしれませんが、これで充分です。

図８　月報

目標　今月中に５人と面談する！

	名前	結果
1		
2		
3		
4		
5		

「達成可能な目標」は大きな目標への中継地点。まずは、この目標に向けて全力を出し切りましょう。5人の方と話をすることができれば次の中継点が見えてきて、最終ゴールである会社の目標達成が着実に近づいてきます。

「目標を自分で決めるのは難しい」と感じたり、会社からのノルマに対して程遠い目標を設定して大丈夫なのだろうか、と不安を覚えたりするかもしれません。気持ちが焦ってしまい、会社から与えられた目標に直結する行動をとりたくなることもあるでしょう。そのほうがいいと思ったなら、会社から言われたとおりの行動をする時間をとってもかまいません。

ただ、どんな状態であっても、必ず短い時間でいいので、自分の好きな行動、得意な行動、没頭できる行動をルーティン化し、行動を積み上げていきましょう。

不安を感じるときは、自己暗示を隙間時間にやっておきましょう。ここで行う自己暗示は、基礎自己暗示A（137ページ参照）となります。

高すぎる目標を掲げてしまう(会社から与えられた目標をはじめから達成しようとする)と、無意識ははじめからあきらめてしまい、力を発揮しないことを決めてしまいます。こうなってしまうと、意識でどうこうしようとしても、どうにもなりません。

自分で行動を決めて、自分で決めた行動だけは絶対にやりきる。

これこそが、潜在意識と上手につき合うための秘訣です。

「ルーティン化スケジュール表」「潜在意識に寄り添う月報」、二つのアイテムを活用し、中継地点として、ちょっと背伸びすれば達成できそうな目標を設定し、行動をし続けることで少しずつ前に進むことができ、そうすることで自分を信頼できるようになってきます。

焦る必要はありません。そして、達成したら自分をほめてあげましょう。

06

「行動量ノート」で営業力を確実に上げていく

三つめのアイテムは、「行動量ノート」です。

文字どおり、行動の量を量るためのノートです。

「ルーティン化スケジュール表」「潜在意識に寄り添う月報」の二つによって、(中継地点となる)目的に向かって、好きな行動または得意な行動をルーティン化し、着実に進めていくとお伝えしました。

では、「好きな行動を1日どのくらいしたら、目的を実現できる」のでしょう。それは、人それぞれなので、実際の経験から導き出すほかありません。

そこで、「行動量ノート」をつくり、自身の行動を一つひとつ記録、確認し、目安を立てていくのです。少しずつ、少しずつ、書き足すことで、自信を大きく育てることができます。

書くことも行動のうちです。たくさん行動している、と自分で見て認識できることで自信につながります。

たとえば、100人にテレアポしたら、5人の方から有効情報がとれたとします。そのうち、3人と商談することができ、1件契約がとれたとします。

その場合は、「行動量ノート」に次のことをメモします。

100人と話したら、5件の有効情報がとれることがわかった。
5件の有効情報がとれたら、そのうち3人と商談することができた。
3人と商談したら、1口の契約がとれた。

つまり、「100人と商談することで契約を1件とれる」という目安が見つかるというわけです。言い換えると、「契約を3件とりたいなら、その3倍となる300人と商談すればよい」と推測できます。

「行動量ノート」のつくり方は次のとおりです。

できるだけ瞬時に数字と情報が目に飛び込んでくるように単語と枠で作成します。そうすることで、潜在意識に寄り添った営業行動ができます。

【行動量ノートのつくり方】

1　1冊のノートを準備し、「潜在意識に寄り添う月報」で定めた目標を実現するための項目と枠を書き出す（A4サイズの白紙に記入して、綴じてもOK）［図9・159ページ］。

2　聞いた情報だけでなく、見た情報、たとえば相手のしぐさ、置いてあるもの、家の雰囲気などもできるだけ書く［図10・159ページ］。

3　毎日、持ち歩き、1つの営業行動（面談）が終わるごとにノートを開き、書き込む。

4　行動したことはすべて、失敗したこと（断わられたこと）も記録する。すべての行動が成功の肥やしになる。

5　列を増やしていく。

「行動量ノート」には、失敗した行動も成功した行動もすべて書きます。その結果、失敗

図9　行動量ノート

名前	訪問日	訪問日	訪問日	訪問日	訪問日	他社取引	車検日	面談相手	家族構成	その他情報

図10　行動量ノート（書き方イメージ）

名前	訪問日	訪問日	訪問日	訪問日	訪問日	他社取引	車検日	面談相手	家族構成	その他情報
加藤　様	2月4日	2月18日	3月1日			N社	4月ごろ	本人	2世帯	本人　ペーパー／ 妻　中古車使用
高木　様	2月5日	2月20日	3月3日			T社		本人		見込みナシ 車乗り潰す
志村　様	2月6日	2月21日	3月4日			S社	3月29日	本人	独身	野球好き 紹介　荒井氏
いかりや様	2月7日	2月22日	3月5日			T社		本人		スタバ・自営業 車3台あり
仲本　様	2月8日	3月2日						本人	妻・娘	エンジニア・ テレワーク・草野球
荒井　様	2月19日	3月2日								志村様・紹介先

した行動も、どのくらい行動すれば契約ができたかがわかる材料に変わっていきます。

また、行動するごとに出会いが増えて、列が増えます。それが営業としての財産となるのです。


先ほどのAさんの事例で考えてみましょう。

Aさんの目標は、「今月中に5人と面談する」ことでした。この時の月報は［図11・161ページ］のとおりです。

また、営業行動のキーとして、「名前」「訪問日」「他社取引」「車検日」「面談相手」「家族構成」「その他情報」など、契約に直接結びつく情報をチェック項目として選び、「行動量ノート」を［図12・161ページ］のように作成しました。

チェック項目に何を入れるべきかは、あなたが売っている商品、サービスに答えがあります。あなたの会社でその商品をいちばん売っている人に尋ねるのも一つです。保険営業の場合なら車検日のところを、保険の期日や満期日などにするといいでしょうし、求人広告の代理店であれば、車検日のところを、広告の掲載期間や期日に、OA機器の販売なら、リース期間満了日などにするといいでしょう。

図 11 月報

目標 今月中に5人と面談する！

	名前	結果
1	加藤　様	
2	高木　様	
3	志村　様	
4	いかりや　様	
5	仲本　様	

図 12 行動量ノート

名前	訪問日	訪問日	訪問日	訪問日	訪問日	他社取引	車検日	面談相手	家族構成	その他情報
加藤　様	2月4日									
高木　様	2月5日									
志村　様	2月6日									
いかりや様	2月7日									
仲本　様	2月8日									

お客様が商品を購入した理由、営業マンに対する思い、会社に対する思い、苦情や失敗談などにもヒントが隠されています。これらを確認するなかで出会ったキーの中から大事にしたいものを選ぶといいでしょう。

ただ、はじめのうちはチェック項目選びに頭を悩ませる必要はありません。この情報を知ることができれば契約につながりやすいもの、この情報をいっぱい集めたいとあなた自身で感じたものをまずは選びましょう。行動を繰り返しながらアレンジして、より適したものを選べばいいのです。

項目はいくつあってもかまいません。ただし、最初からたくさんあると大変なので、7項目くらいが、まずはオススメです。だんだん増やしたり、減らしたりと自社の商品・サービスに合わせて変えていきましょう。

07 実際にルーティンを開始する

「月報」と「行動量ノート」を作成したら、行動をはじめます。

行動をはじめたら、できるかぎり一点集中状態でいられるようにする必要があります。

そのために欠かせないのが、事前準備です。

「潜在意識に寄り添う月報」も「行動量ノート」も、訪問や面談が終わってすぐ、外で立ったまま記入することも少なくありません。そのため、あらかじめ項目をつくっておき、簡単に記入できるように準備しておくことが大切です。

たとえば、テレアポを15分間やり切ると決めたのなら、どんなことがあっても、15分間かけ続けられるようにしておきます。メモをとりたいと思ったときに、ノートがなかったりペンがなかったりすると、いちいち、集中力がそがれてしまいます。集中力が途切れる要因はできるだけ取り除いておき、意識と無意識を一つひとつの行動（受話器をとる、ボタンを押す、呼び出し音が鳴る、相手が出る、名乗るなど）に向けていられる状況を、事前に準備しておくのです。

先ほどの、新車販売ディーラーで働くAさんの場合で見ていきましょう。

・事前準備

Aさんは、イベント参加時にアンケートをとった先に電話をすることを目標として掲げていました。つまり、お会いする前に名前がわかっているので、「潜在意識に寄り添う月報（月報）」には、あらかじめ名前を書いておくことができます。

Aさんは、加藤さん、高木さん、志村さん、いかりやさん、仲本さんとお会いすることにし、「潜在意識に寄り添う月報（月報）」に記入しました［図13・165ページ］。

・目標1

リストのいちばん目の加藤さんに会いに行くことにしたAさん。

図13 月報　目標　今月中に5人と面談する！

	名前	結果
1	加藤　様	済
2	高木　様	
3	志村　様	
4	いかりや　様	
5	仲本　様	

図14　行動量ノート

名前	訪問日	訪問日	訪問日	訪問日	訪問日	他社取引	車検日	面談相手	家族構成	その他情報
加藤　様	2月4日					N社		本人	2世帯	本人　ペーパー／妻　中古車使用
高木　様	2月5日									
志村　様	2月6日									
いかりや様	2月7日									
仲本　様	2月8日									

加藤さんの職場でお会いしたところ、次の情報を得ることができました。

・加藤さんの妻が日産の中古車に乗っている
・加藤さん宅は2世帯で暮らしている
・加藤さん本人は、ほとんど車を運転していない

加藤さんの会社の外に出たAさんは、持ち歩いていた「行動量ノート」を開き、知り得た情報を記入しました。該当する欄がある情報はその欄に、該当する欄がない時は、「その他情報」を活用し、できるだけ短い文章または単語で書くようにします［図14・165ページ］。

書き込みを終えたら、「潜在意識に寄り添う月報（月報）」を開き、結果欄に「済」と書いておきましょう［図13・165ページ］。これで一つ、目標達成です。書くたびに達成感を感じることが大切です。小さな成功体験の積み重ねはやがて、大きな自信へとつながります。

情報の記入はあとでまとめて行ったほうが「時間的に効率的だ」という人もいるかもし

れません。落ち着いて記入したほうが整理もしやすいとも言えるでしょう。

でも、複数人分を記憶に留めながら、目の前の相手と会話しても、一点集中状態になりづらいものです。その都度、書き込んでおくことで、心おきなく会話に集中できるのです。


また、潜在意識は、先延ばしを嫌います。

潜在意識(無意識で)は、今、この瞬間の出来事としてすべてを認識しています。未来を認識しないからです。すべての出来事を、今、この瞬間のこととして捉えます。あとで書こう、というのは、意識の力だけで営業しようとしているのと同じです。今、今、今の積み重ねが潜在意識と寄り添う営業術では欠かせません。

一つひとつの行動が終わるたびに、結果を「潜在意識に寄り添う月報(月報)」、行動を「行動量ノート」に書いて、潜在意識に寄り添っておきましょう。

・目標2
Aさんが2人目の面談者の高木さんに電話をかけたところ、こう言われました。

「車の買い替え予定は当分ないよ。今の車を乗りつぶすつもりだから」

購入見込みがないことがわかったので、図15（169ページ）のように「潜在意識に寄り添う月報（月報）」の結果欄に「×」を記入しました。

面談ができなかった、つまり目標が達成できなかったので、「×」というわけです。

また、これでは「5人に会う」という目標達成もできなくなってしまうので、面談相手を追加する必要があります。ですから、この時に手書きでいいので1枠を増やしておきます。

空欄があると潜在意識がそこを埋めようとしてくれるので、エネルギーを新たな面談先探しに向けることができます。

結果が出なくても、あわてる必要はありません。どうしても心が動揺してしまうときは自己暗示をしておきましょう。自己暗示をすれば意識と無意識が一致します。離れた二つの機能をいつも揃えておく意識はとても大切です。一点集中状態でこそ、良い判断、良いアイデア、そして大きな集中力を発揮できます。

・目標3〜5　[図16・17・171ページ]。

目標として掲げた5人の方に連絡し終わった結果、次のようになりました。

3人目の志村さんには自宅でお会いできました。野球観戦の話で盛り上がり、本人は購

図15 月報　目標　今月中に5人と面談する！

	名前	結果
1	加藤　様	済
2	高木　様	×
3	志村　様	
4	いかりや　様	
5	仲本　様	
2		

入予定がないのでと、車の購入予定がある友達を紹介してくれることになりました。

4人目のいかりやさん、5人目の仲本さんからも、それぞれ情報を得ることができたので、面談後、月報に書き込みました。

結果、今週だけで目標の5人のうち4人との面談達成ができました。追加したもう1人荒井さんとも翌々週にアポイントがとれたため、ほぼ間違いなく目標達成することも見えています。

「月報」と「行動量ノート」を管理することで先が見えるようになるのです。

・次の目標を設定する

早めに目標達成できたら、前倒しで次月の月報づくりをして、動きを止めないようにしましょう。

余裕を持って達成できたなら、次月はもう少し高い目標に変えるべきでしょう。

Aさんの場合、目標が「5人と面談する」だったので、「7人と面談する」または、会

図 16 月報

目標 今月中に5人と面談する！

	名前	結果
1	加藤 様	済
2	高木 様	×
3	志村 様	済
4	いかりや 様	済
5	仲本 様	済
2	荒井 様	

図 17 行動量ノート （●●の時点）

名前	訪問日	訪問日	訪問日	訪問日	訪問日	他社取引	車検日	面談相手	家族構成	その他情報
加藤 様	2月4日					N社		本人	2世帯	本人 ペーパー／ 妻 中古車使用
高木 様	2月5日							本人		見込みナシ 車乗りつぶす
志村 様	2月6日					T社		本人	独身	野球好き 紹介 荒井氏
いかりや様	2月7日					S社	4月ごろ	本人		スタバ・自営業 車3台あり
仲本 様	2月8日							本人	妻・娘	エンジニア・ テレワーク・草野球
荒井 様	2月19日									

う人数が増える分契約できる確率が上がるため「7人と面談して1人と契約する」など。ちょっとだけ背伸びして目標を達成する。この繰り返しで、与えられた目標をクリアできるようになっていきます。

目標を決めたら、新しい用紙を1枚準備して、7名の名前と結果欄の枠を入れた月報［図19・173ページ］を作成しましょう。枠を増やしておき、面談先（名前）が決まっていれば事前に記入しておきます。

この方法には失敗がありません。

失敗した行動も成功した行動もすべてを「行動量ノート」に書いていくため、どのくらい行動すれば契約ができたかがわかります。

また、行動の量を増やし、目標を少しずつ上げていくと、「そろそろ、会社から与えられた3台のうち2台なら契約できるなあ」などと、成功法則が見えてきます。さらに、「会社から与えられた目標くらいは簡単に達成できるよ」と結果に対して前向きに思考が変わります。経験をもとに、少しずつ、前に進めているからです。

図 18 月報

目標 今月中に5人と面談する！

	名前	結果
1	加藤 様	済
2	高木 様	×
3	志村 様	済
4	いかりや 様	済
5	仲本 様	済
2	荒井 様	済

図 19 月報

目標〈新〉 新しく7人と面談する！

	名前	結果
1		
2		
3		
4		
5		
6		
7		

08 定期的に見直すことでさらに成果は上がる

自己暗示のメソッドを使った営業活動をはじめて3カ月後の月末になったら、これまでに活用した三つのアイテムをすべて見返してみましょう。

・ルーティン化スケジュール表

「ルーティン化スケジュール表」は、日々の営業活動の〝主軸となる行動〟を決めるツールです。

3カ月前につくった「ルーティン化スケジュール表」と、この3カ月間に実際にやってきた行動を比べてみましょう。

もしあなたが3カ月間、一つの行動を続けてこられたなら、きっとそれは、あなたが好きな行動か得意な行動のはずです。そうでなければ3カ月間、ずっと続けることなどできなかったでしょう。

さらに、午前中の2時間は飛び込み訪問をするなど、「一定期間、決めた時間帯」に一つの行動をやり続けることができていたなら、無意識に寄り添った営業ができています。自信を持って今後もルーティンの活動を続けましょう。そうすることで、成果を出し続けることができます。

一方、「ルーティン化がうまくできていないなあ」というときも焦る必要はありません。もう一度、本章の「ルーティン化スケジュール表」の項目（131ページ）を読み返して、主軸となる一つの行動を見つける作業を行いましょう。

・潜在意識に寄り添う月報

3カ月前に使っていたものと、今月使ったものを比べます。

Aさんの事例で振り返ってみましょう。

Aさんの「潜在意識に寄り添う月報（月報）」での目標は、「5人と面談すること」でした。3カ月目の目標は、「15人と面談すること」に変わり、枠が10段増えていたなら、もう大成功です。こうした状態であれば、おそらく15人と面談できたおかげで、5人から有効情報がとれ、そのうちの１人と来月、販売契約が結べそう、などと結果も出ているはずです。この積み重ねで面談数を45人に増やせたときには、３台の自動車販売契約がとれる可能性がある、ということになります。そうなれば、会社から与えられた目標「月に新車３台を販売すること」を達成できるという実感も得られ、俄然やる気が出てくるはずです。

もし、「来月も、１台も契約できそうにないなあ」という場合も、心配いりません。一点集中状態になれている時間がきちんとあれば、結果も必ずついてきます。一点集中状態になることを何より優先しましょう。

・行動量ノート

他の二つのツールのように、３カ月前と比べる、といった行為は必要ありません。なぜなら、「行動量ノート」は、よりよくするもの、ではなく、積み重ねていくものだからです。「行動量ノート」が厚みを増していくとともに、あなたの営業活動はどんどん楽になっているはずです。

書き記す（足す）ことで、一つひとつ行動が積み重ねられ、面談数も増えていることがわかり（認識できて）、さらに、そこには有効情報も書かれているからです。

焦る必要はありません。一つ行動したら（面談したら）、その場ですぐ書き込むことを忘れなければいいだけです。1行1行と書くうちに、成果をたくさん出せるように自然と変わります。

また、次月以降の成果をはっきりと予測できるようになります。なぜなら、次の契約につながげられそうな有効情報がすでに「行動量ノート」にも書かれているからです。

これらの作業は、3カ月ごとに1年間、続けて行います。そうすることで、さらに質の高い営業活動につなげることができます。

また、「失敗した」と思うようなことも含め、すべての行動を営業成果につなげていけるのが自己暗示流営業術の凄いところです。

目標が達成できなかった場合は、三つのアイテムの書き方が、潜在意識に寄り添えているかどうか、179ページのチェックリストで確認しましょう。

行動量ノートが厚くなってきたら、しっかりと行動できている証拠です。定期的に見返して、情報の質や量を確かめてみましょう。

□項目欄を変える必要はありませんか？

潜在意識は、項目欄に書くテーマの情報（レシピ）を「とりたい」と強く後押ししてくれます。

□家族構成の欄は書けていますか？

人は必ず誰かとつながっています。本人だけでなく、親、兄弟、親戚のことも知ろうとすれば、もっとつながることもできます。さらには、その友人や同僚を紹介してもらえるかもしれません。もちろん、あなた自身が、問題解決に一心に向かっている姿勢を示していることが欠かせません。

□備考欄に書いた情報をもっと深掘りできませんか？

一度仕入れた情報をそのまま放っておくのはもったいないことです。新規のアポイントがないときは、今までに会っていただけた人の情報を見返してみてください。新しい出会いを探すより、目の前の相手のことをもっと知ろうとするほうが、相手からよろこばれますし、それに伴って成果も出てきます。

チェックリスト

ルーティン化スケジュール表、潜在意識に寄り添う月報（月報）、行動量ノート、それぞれの書き方が潜在意識に寄り添ったものとなっているか、確認するためのシートです。

コピーして、行動量ノートといっしょに綴じておき、ノートを開くたびに確認しましょう（ノートを使っている場合は、表紙の裏に貼りつけておきましょう）。

正しい使い方ができていれば、行動も自ずと良くなり、当然、成果にもつながります。

暗記するほど見返すのがおすすめです。

1　ルーティン化スケジュール表の枚数

□１枚にまとまってきましたか？

一つの行動を同じ時間帯で継続できていると、効果が測定できて、さらに手持ち情報を増やせる案が出てきます。

□好きな行動、得意な行動に没頭できていますか？

没頭できる行動を見つけていれば、目標達成により近づくことができるでしょう。

2　月報の枠に書いた「済」の数

□月報に「済」はどれだけありますか？

「済」の数だけ、あなたは目標を達成することができています。４カ月目以降も一つ、また一つと「済」を書ける活動を続けていきましょう。

　そして、余裕を持って目標を達成できるようになっていたなら、少し背伸びした目標にチャレンジしてみましょう。無理をする必要はありませんが、背伸びも必要です。それで、会社の目標達成に近づけていきましょう。

3　行動量ノートの枚数

□行動量ノートはどれだけ増えましたか？

　行動量ノートが１行、１行と増えていき、さらに２枚目、３枚目と枚数が増えたなら、ノートのように綴じておきましょう（ノートを使用してもOK）。

09 「よかった」で自分をほめてあげる

最後に、もう一つ大事なことをお伝えします。

営業を仕事に選んだ人は、多かれ少なかれ人のために尽くしたいという思いを抱いています。やさしくて、ついつい自分のことを後回しにしがちです。

だからこそ、常に意識して、頑張っている自分を認め、ほめてあげましょう。

三つのアイテムを振り返るときに効果的な「魔法の暗示のことば」は、次のとおりです。

魔法の暗示のことば

「よかった」

「よかった」のタイミングは、一つの行動が終わるごと。

「済」と月報に書くことができたら、「よかった」。
「行動量ノート」を1行増やせたら、「よかった」。
契約に至ったら、「よかった」、と唱えましょう。

この「よかった」という魔法の暗示が、無意識に口から飛び出すようになれば、営業をすることがとても楽になります。

いい結果のときだけではありません。どんなときも、何が起こっても、「学ぶことができてよかった」と、自分の心を自分の力で癒せるようになります。

あなたの潜在意識の深いところに届けられる声を持っているのは、この世界で、あなたただ1人です。

脳は、自分の発する言葉に対してだけは、無意識でも疑いをかけません。つまり、あなただけが、うそ偽りなく、心の深いところに、あなたに対するねぎらいの言葉を届けることができるのです。

＊＊＊

この書き方でよいのだろうか、と迷ったときは、面談（不在も含めて）など、一つの行動が終わるごとに、三つのアイテムを開いて、どんなことを自分で考え、決めたのかを目で見て認識しましょう。行動を変えようとしているか、決めたことができているかを、チェックするのです。

1日の行動が終わったときに、まとめて見返しても、潜在意識に寄り添ったアイテムとして活用されていません。潜在意識は、「今、この瞬間」しか、意識できないからです。

今、一つの行動が終わった。だから書き込む。書き込んだら、淡々と次の行動に移る。行動が積み重なったら、アップデートする必要がないかと今、その場で考える――。

今、今、今、の行動の積み重ねに集中できていたら、うまくいっています。

心を一点集中できている時間が長い人は、本人も周りもびっくりするほどの成果を自ずと出すことができます。そのために、潜在意識に寄り添うこれら三つのアイテムを使いこなせるようになりましょう。

第5章

実践！　シチュエーション別
自己暗示メソッド

第5章では、これまでお話ししてきた「自己暗示メソッド」の実践編として、営業力を高めるための具体的な自己暗示の方法についてお伝えします。

自己暗示メソッドは大きく、次の三つの段階で構成されます。

4・7・8呼吸法　メソッド1

↓

自己暗示（魔法の暗示）を唱える　メソッド3〜8のいずれか

↓

覚醒暗示　メソッド2

※詳細な動作は、それぞれのメソッドで説明しています。

最初に、「4・7・8呼吸法」を行い、心と体をリラックスさせます。そうすることで暗示が、無意識まで届きやすくなるためです。

自己暗示を終えたら、必ず覚醒暗示を行います。これは暗示状態、つまり、脱力している状態から日常生活ができるよう、力を呼び戻し、意識をはっきりさせる（覚醒する）ための作業です。暗示状態のまま行動すると、判断が遅れたり、身体が思うように動かないこともあるので、必ず行ってください。

また、自己暗示を行うときは、周りの人の迷惑にならないよう、配慮して行いましょう。

本章では、まず、自己暗示メソッドの核となる「4・7・8呼吸法」と「覚醒暗示」のやり方をお伝えします。この二つはほとんどのメソッドで行うものなので、必ずチェックしておいてください。

その後、シチュエーション別に営業力をアップさせるための自己暗示メソッドをお伝えしていきます。あなたの状況に合わせて、選んで実践してください。

なお、効率を高めるには、第3章でお伝えしたとおり、「21日間の法則」で行うことをオススメします。とくに最初のうちは、続けて21日間行ってください。

自己暗示の言葉は、すでにお伝えしているように、適宜、変えていただいてかまいません。あなたの心に響くものを使いましょう。

メソッド1

心の状態を整える4・7・8呼吸法

この4・7・8呼吸法は、無意識に暗示が届きやすい心の状態をつくるために、すべての自己暗示の前に予備暗示として行います。

一点（呼吸）に集中することで雑念がなくなるため、あなたの心の意識の力を弱め、無意識につながる効果があります。

朝起きてすぐ、あるいは寝る前、また、自己暗示に入る前に行いましょう。

非常にリラックスした状態に入ることができるので、横になって行う場合は眠ってしまうこともあります。訪問や面談など、次の予定が入っているときは注意してください。

パターン1　座って行う

〈準備〉

・イスやベッドに腰かけて行う。足の裏がしっかり床につく高さを心がける。
・背筋を伸ばして座る。足の位置は、座ってから自分の足のつま先を見たときに、ひざから少し前に出ているところにあると体が安定する（体がぐらぐらしない）。
・両手はひざの上にリラックスした状態でそっと置く。手のひらの向きはどちらでもいい。
・視線はまっすぐ正面を向く。2～3メートル先に目印をつけて、そこを眺めるとよい（じっと見つめる必要はない）。
・視線を固定することで集中力が高まるので、一度、一点を見たら、なるべく目をそらさないように（それてしまったときは、すぐもとに戻す）。

パターン2　横になって行う（よりリラックスしたい場合）

〈準備〉
・首に負担がかからない高さの枕を用意し、力を抜いて床やふとんに横になる。
・眼鏡やコンタクトレンズ、時計、ベルトは外し、ゆるめの服を着ておく。
・足は肩幅に開き、手のひらの向きは楽なほうにする。

〈手順〉※パターン1・2共に同じ

1　腹式呼吸をする。

普段の呼吸より大きく、鼻から息を吸い込み、口から吸った息を全部吐き出すつもりで腹式呼吸を（吸って吐いてを）5回以上行う。お腹が膨れたり、凹んだりしていることを確認する。腹式呼吸ができているかがわかりづらい場合は、片手をお腹にあててみる。

2　肩の力を抜く暗示を行う。

「両肩の力が抜ける」と3回暗示を唱える。実際に、力が抜けた感覚がなくても次へ進む。

3　両腕の重みを感じる暗示を行う。

「両腕が重い」と3回暗示を唱える。実際に、腕が重たい感覚がなくても次へ進む。

4　腰から下、両足の力を抜く暗示を行う。

「両足が重い」と3回暗示を唱える。実際に、腰から下の力が抜けた感覚がなくても次へ進む。

5　目をゆっくり閉じ、10から0まで数える。

10、9、8、7、6、5、4、3、2、1、0とゆっくり数える。

ここから4・7・8呼吸法。時間がないときは、ここからはじめても大丈夫。

6　鼻から4秒かけて大きく息を吸う。そのとき、1、2、3、4と頭の中で数える。

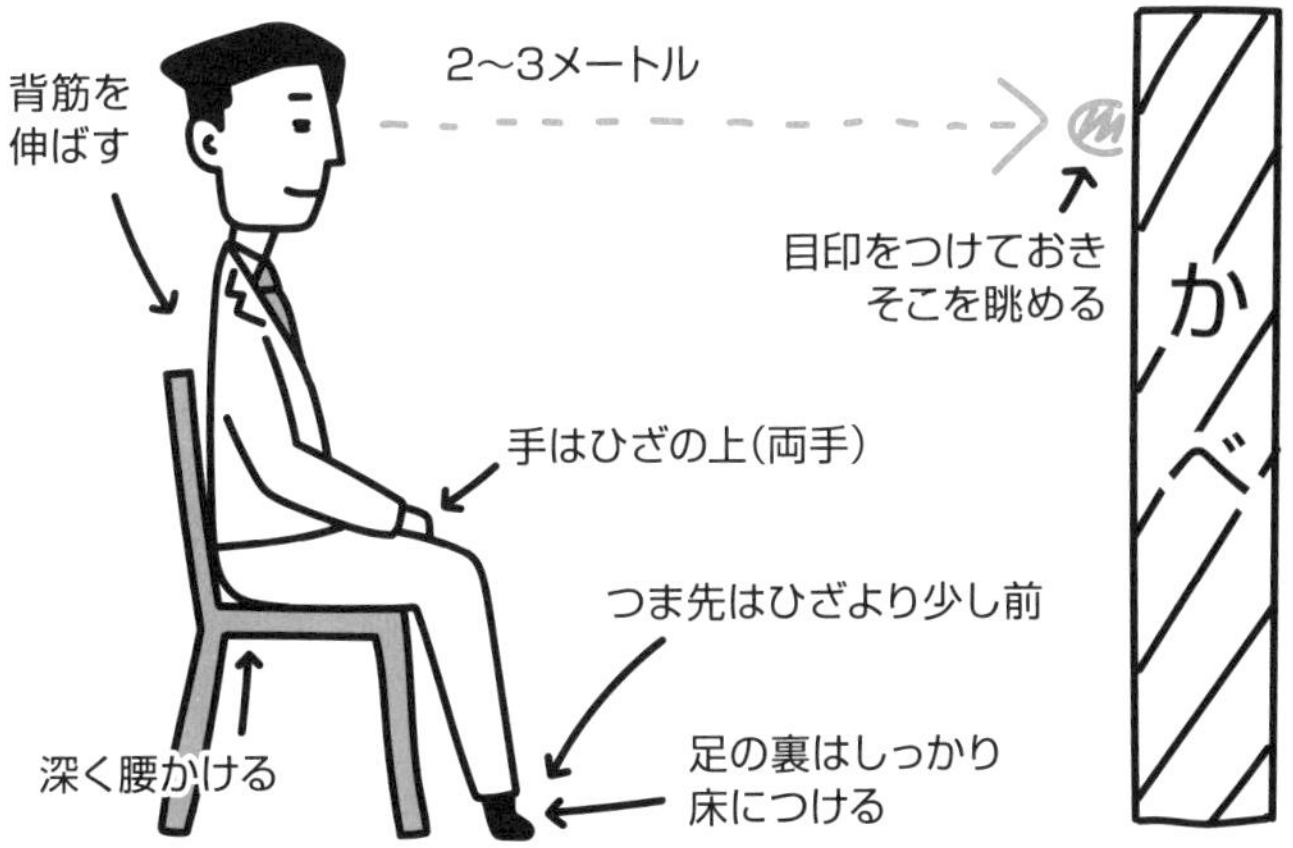
背筋を
伸ばす
2〜3メートル
目印をつけておき
そこを眺める
かべ
手はひざの上（両手）
つま先はひざより少し前
深く腰かける
足の裏はしっかり
床につける

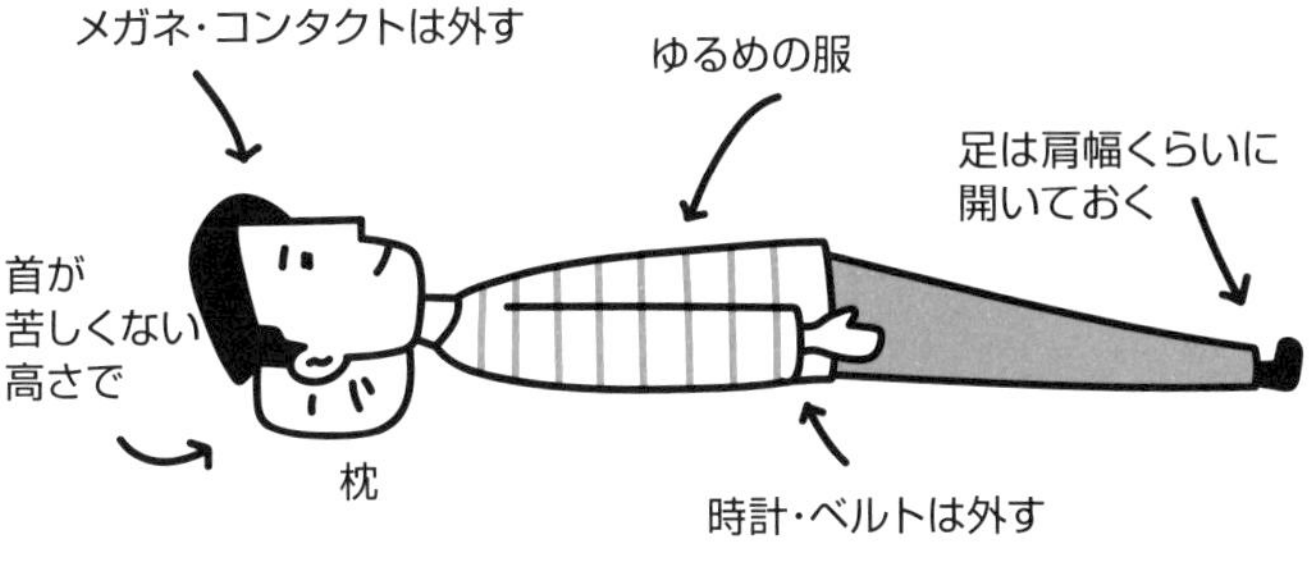
メガネ・コンタクトは外す
ゆるめの服
足は肩幅くらいに
開いておく
首が
苦しくない
高さで
枕
時計・ベルトは外す

7　息を7秒間止める。そのとき、1、2、3、4、5、6、7と頭の中で数える。
8　口から「フー」ッと8秒かけて息を吐き出す。そのとき、1、2、3、4、5、6、7、8と頭の中で数える。
9　6〜8を5〜10回繰り返す。数を数えるときはゆっくりと頭の中で唱える。声を出す必要なし。
10　普段の呼吸に戻る。

ポイント

息を吸うときは、鼻から思いっきり吸ってください。めいっぱい吸い込んだら口からフーッとすべて吐き出します。これを10回ほど繰り返しましょう。または、ボーッとしてくるまで行います。

息を吐き出すときは、ストローでシャボン玉を飛ばすイメージで、口をすぼめてください。お腹を凹ませて、すべての息を吐ききる気持ちで行いましょう。

腹式呼吸と4・7・8呼吸法は、自己暗示の前の準備運動の役割を担います。普段の呼吸に戻ったらそれぞれの自己暗示にうつりましょう。また、時間がなくてここで止める場合は、軽い覚醒暗示（194ページ）をしておくことがオススメです。

❶ 4秒かけて息を吸う

目を
閉じる
1.2.3.4
鼻から
息を吸う
肩·腕·手の力
抜けている

❷ 7秒息を止める

目を
閉じたまま
1.2.3.4.5.
6.7

❸ 8秒かけて息を吐き出す

目を
閉じたまま
1.2.3.4.5.
6.7.8
8秒かけて
口をすぼめて
フーッと
息を吐き出す

メソッド2

暗示を解き意識を取り戻す覚醒暗示（通常時・軽い時）

さまざまな自己暗示のメソッドでは、必ず最後に「覚醒暗示」を行います。

覚醒暗示は、暗示を解くために唱える暗示です。脱力した体から力を呼び戻し、意識をはっきりさせて、日常に戻るために行います。

覚醒暗示には、次の二つがあります。

1　すべての自己暗示の最後に行う「通常時の覚醒暗示」
2　自己暗示と自己暗示の間に行う「軽い覚醒暗示」

1は通常時の覚醒暗示、2は軽い覚醒暗示、と区別するとわかりやすいでしょう。

通常、自己暗示を終えた後は、1の通常時の覚醒暗示を行います。

自己暗示を行った後、続けて別の自己暗示（別の項の自己暗示）をするときは、2の軽い覚醒暗示をするだけで大丈夫です。

どちらを選べばよいか迷ったら、1の通常時の覚醒暗示をしましょう。

それでは、それぞれのやり方について、お話しします。

パターン1　通常時の覚醒暗示

自己暗示をやめて日常の生活に戻るときは、必ず最後に、このやり方で覚醒暗示をしてください。意識の力をはっきりと呼び戻す強い覚醒暗示です。

〈手順〉

1　両手をギュッと強く握りしめて「手足に力が戻ってきた」と声に出して言う。
2　両目を1度閉じた後パッと大きく開き、「周りのことも、よくわかってきた」と声に出して言う。
3　「すっきりとしたいい気持ち」と声に出して言う。
4　立ち上がり、両手や両足の屈伸運動を2～3回繰り返す。

5　体全体に力が戻ってきたことが感じられ、周囲の様子がしっかりわかる状態になったら、普段の行動に戻る。

※覚醒暗示を行っても、意識がはっきりせず、ボーッと寝起きのような状態のままなら、再度1からやり直して、しっかりわかる状態になるまで覚醒暗示を繰り返してください。

パターン2　軽い覚醒暗示

自己暗示を行った後、別の自己暗示（別の項の自己暗示）をするときは2の軽い覚醒暗示をするだけで大丈夫です。

〈手順〉

利き手をギュッと（グーに）握る。

利き手でスマホなどを持っている場合は、もう片方の手を握る。

※この合図で意識の力を呼び戻す（＝覚醒）と自己暗示をする前に決めてから取り組むこと。そうすることで、無意識が理解し、ギュッとグーに握るだけであっても覚醒暗示となる。

❶
両手を
ギュッと
握る
手足に力が
戻ってきた
と声に出して
言う
❷
一度目を閉じ、
目をパッと
大きく開く
周りのことも
よくわかってきた
パチッ
と声に出して
言う
❸
すっきりとした
いい気持ち
と声に出して
言う
❹
屈伸運動
をする

ポイント

自己暗示を毎日行っていると、すごく集中できるときもあれば、あまり集中できないときもあるでしょう。あまり集中できなかったときは、「覚醒暗示はしなくてもいいのではないか」と感じるかもしれませんが、覚醒暗示は必ず行ってください。

自己暗示をした直後は、本人が自覚しているよりも意識の力が弱まっていることがあるので、そのまま歩き出すと転んだりして危険な場合があります。

また、覚醒暗示をしていくと、潜在意識へのアクセスがうまくいっていることに気がつきます。覚醒の前後では、力の入り具合に差が出てくるからです。

自己暗示をした後に、いつも覚醒をする。

覚醒暗示は自身の安全のために、また自分自身への信頼と自信を高めるためにもすべての自己暗示とセットで最後に必ず行いましょう。

声を出せない環境の場合は、まず2の軽い覚醒暗示をしておき、声を出せる場所に移ってから、落ち着いて1の通常時の覚醒暗示を行うといいでしょう。

メソッド3

ストレスを軽減する弛緩法を使った自己暗示

人の心には、常にさまざまな雑念が浮かんでくるものです。とくに、ストレスが多いと、心配事など雑念も多く浮かんできてしまいます。

つらいことがあった場合、「つらい」という思いが頭を占めてしまい、結果として、「つらい、つらい、つらい」と無意識に暗示を唱え続けてしまうことになります。負の暗示となり、心に汚れ（ストレス）を溜め込んでしまうというわけです。

定期的に、弛緩法を使った自己暗示をすることで、溜まったストレスを軽減（心を掃除）できます。

弛緩法とは、体の一部と脳の一部のつながりを利用した自己暗示です。

体の一部に思いきり力を入れて（負荷をかけて）、パッと緩める（弛緩する）を繰り返すことで、脳全体の緊張がほぐれ、ストレスが軽減されます。

与える刺激（緊張）が、心の痛み（脳に溜まったストレス）を上回ると、体を緩めると同時に、心の痛みも一緒に消えていきます。

ストレスが軽減することで、心の一点集中状態を日頃からつくりやすくなります。

本書で紹介するストレス軽減のための自己暗示は、最初に首を左右に傾け、続いて首を前後に傾けて行います。

パターン1　首を左右に傾ける自己暗示

〈手順〉

1　背もたれのあるイスに腰かけて、背筋を伸ばす。
2　目を閉じる。
3　首を左にゆっくりと傾けていき、首の右側の筋肉がしっかり伸びていることを確認し、頭の重さを感じる。そのままの姿勢で、5、4、3、2、1、0とゆっくり数える。
4　体全体の力をパッと緩める。姿勢は崩れたまま（自然）でOK。
5　ゆっくり首をまっすぐの状態に戻す。
6　首を右にゆっくりと傾けていき、首の左側の筋肉がしっかり伸びていることを確認する。そ

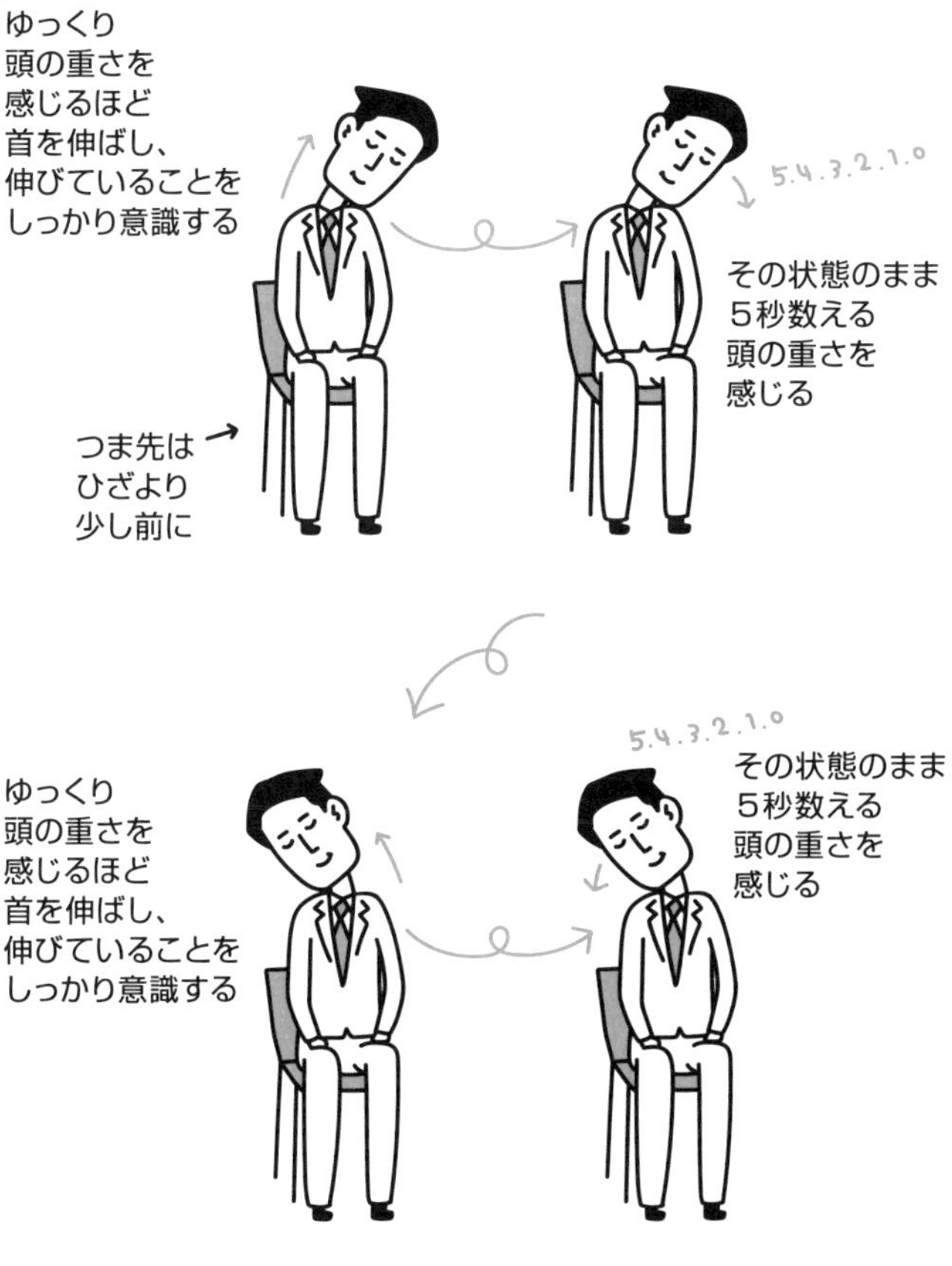
ゆっくり
頭の重さを
感じるほど
首を伸ばし、
伸びていることを
しっかり意識する
5.4.3.2.1.0
その状態のまま
5秒数える
頭の重さを
感じる
つま先は
ひざより
少し前に
5.4.3.2.1.0
その状態のまま
5秒数える
頭の重さを
感じる
ゆっくり
頭の重さを
感じるほど
首を伸ばし、
伸びていることを
しっかり意識する

のままの姿勢で、5、4、3、2、1、0とゆっくり数える。

7　体全体の力をパッと緩める。姿勢は崩れたまま（自然）でOK。

8　ゆっくり首をまっすぐの状態に戻す。

9　3〜8を3回繰り返して行う。

10　覚醒暗示をしたら目を開ける。

パターン2　首を前後に傾ける自己暗示

〈手順〉

1　背もたれのあるイスに腰かけ、背筋を伸ばす。腕の力を抜き、下ろしたら目を閉じる。

2　首を前にゆっくりと傾けていき、首の後ろ側の筋肉がしっかり伸びていることを確認する。

3　力を抜かないまま肩を後ろにひき、限界まで肩甲骨をせばめ、1、2、3、4、5とゆっくり数える。

4　全身の力をパッと緩める。姿勢は崩れていてOK。

5　ゆっくりと首をまっすぐの状態に戻す。

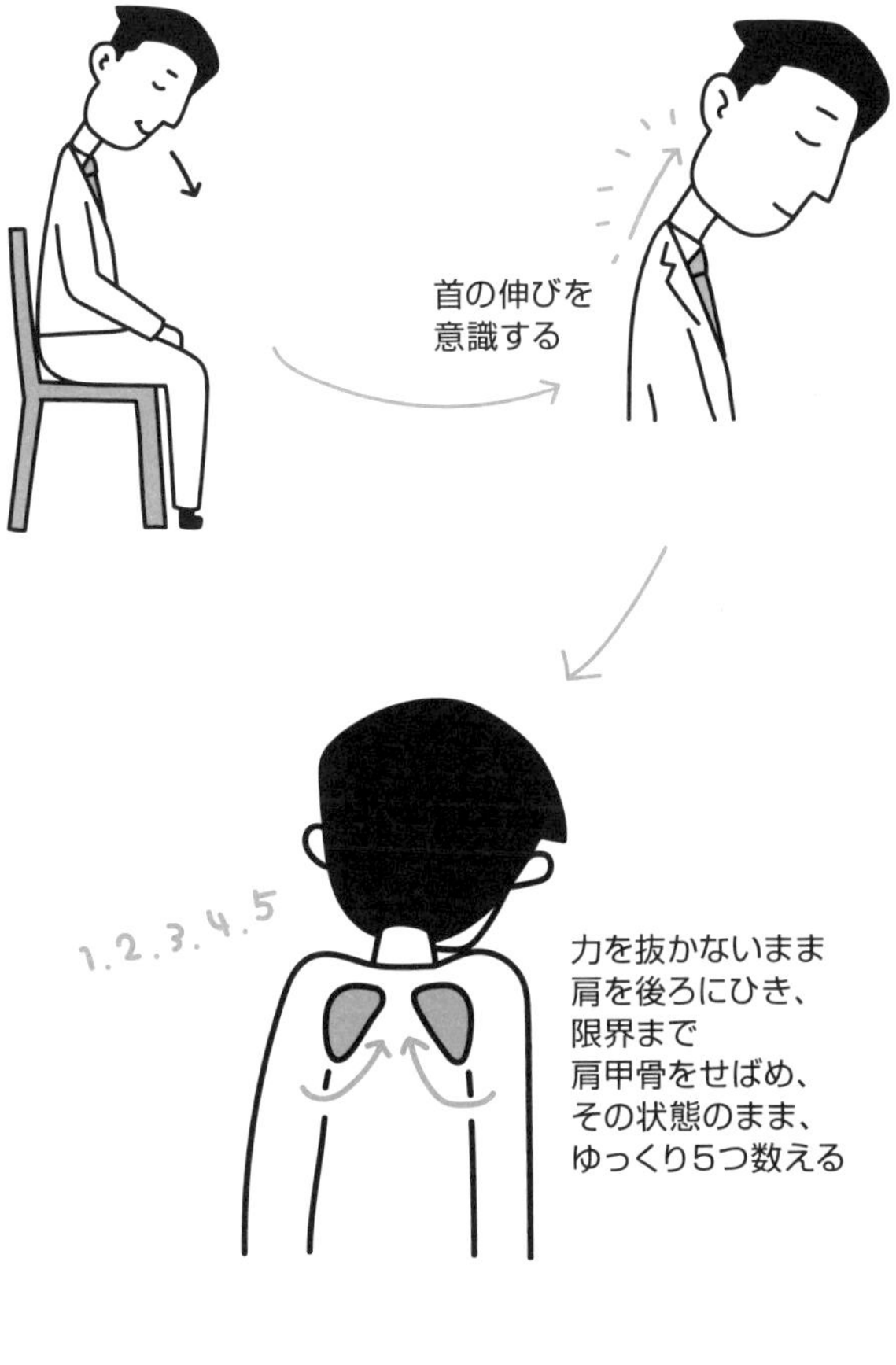
首の伸びを
意識する
1.2.3.4.5
力を抜かないまま
肩を後ろにひき、
限界まで
肩甲骨をせばめ、
その状態のまま、
ゆっくり5つ数える

6　首を後ろにゆっくりと傾けていき、首の前側の筋肉がしっかり伸びていることを確認する。
7　力を抜かないまま1、2、3、4、5とゆっくり数える。
8　全身の力をパッと緩める。姿勢は崩れていい。
9　ゆっくりと首をまっすぐの状態に戻す。
10　2～9を3回繰り返す。
11　覚醒暗示をしたら目を開ける。

ポイント

自己暗示中は、一つひとつの行動に意識を向けましょう。力を抜いたときの姿勢が崩れてしまっていても大丈夫です。

数を1、2……と増やしながら数える場合は力を込め、反対に、数を5、4……などと減らしながら数える場合は力を抜きます。

一つひとつの行動、たとえば、首の反対側が伸びている、ということのみに意識を向けられていたら、自己暗示はうまくいっていると考えてOK。弛緩状態（緊張していない状態）をつくってから「魔法の暗示」を唱えると、暗示が潜在意識に届きやすくなります。

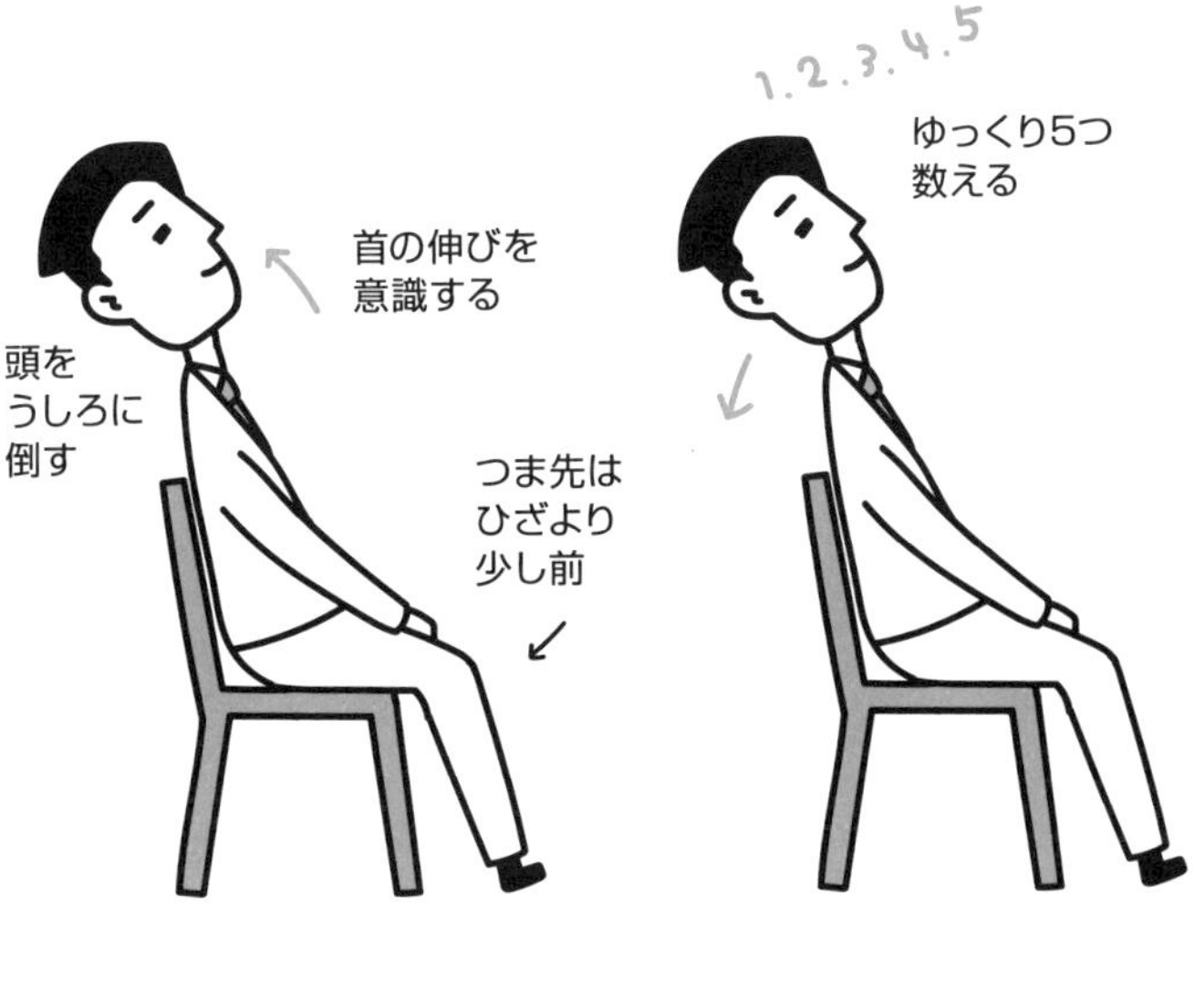
首の伸びを
意識する
頭を
うしろに
倒す
つま先は
ひざより
少し前
1.2.3.4.5
ゆっくり5つ
数える

メソッド4

会議前の緊張をほどく弛緩法を使った自己暗示

営業会議やプレゼン前、訪問時など、緊張や不安を感じているときなどに緊張をほどく自己暗示です。

眠れない夜などにリラックスするために行うのもオススメです。

ここでは、二つのやり方をお伝えしています。

本来は、二つとも行うのがベストですが、時間がないときは、どちらかを選んで行ってもかまいません。

パターン1　両腕を使う

〈手順〉

1　背もたれのあるイスに腰かけて、背筋を伸ばす。

背筋を伸ばして
イスに座り、
肩の力を抜いて
両腕をブランと
おろす

軟式テニスボール（やわらかいボール）を
軽く握っているイメージで、
両手のひらを軽く握る。
親指を他の4本の指に
巻き込まないように気をつける

少しずつボールを握りつぶすように、
手のひらに力を入れて握っていき、
最後は、ボール内の空気をすべて出し、
両手を力いっぱい、
手が震えるくらい力を入れて握り、
5秒数える

「少しずつ、少しずつ」と唱えながら、
今度はボールが少しずつ
膨らんでいるかのように、
力を入れたまま
手のひらを広げていく

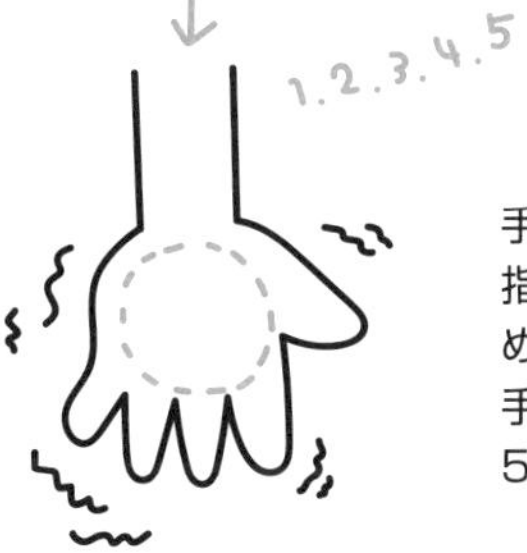

手のひらがパーの状態になったら、
指と指の隙間を広げていく。
めいっぱい開いて、
手が震えるほどの状態になったら、
5秒数え、すべての力を抜く

2　肩の力を抜く。

3　両手は力を抜いてダランと下げておく。または、両手のひらを上に向けて、ひざの上にそっと置く。

4　軟式テニスボールくらいの大きさのやわらかいボールを、両手のひらで軽くつかんでいるイメージをする。

5　「少しずつ、少しずつ」と唱えながら、ボールをゆっくりと握りつぶす。イメージで大丈夫。その際、親指を他の4本の指に巻き込まないようにして力を込めてつぶしていく。

6　力を込めてボールをつぶしたら、ボールに入っていた空気がすべて抜けて手がグーの状態になる。

7　そこからさらに力を入れて、手が震え出したら、その状態で1、2、3、4、5と数える。

8　そのまま力を緩めず、今度は両手をゆっくり開いていく。

9　「少しずつ、少しずつ」と唱え続け、ボールが少しずつふくらむイメージで手のひらを開いていく。

10　手のひらがパーになったら、まだ力を緩めずに、今度は指と指の隙間を広げていく。

11　めいっぱいに指を開き、手が震えるほどの状態になったら、1、2、3、4、5と数える。

12　両手の力をパッとすべて抜く。
13　4から12を3回繰り返す。
14　覚醒暗示をしたら目を開ける。

パターン2　両足を使う方法

〈手順〉

1　背もたれのあるイスに背筋を伸ばして座る。
2　両手は力を抜いてダランと下げておく。
3　両足を伸ばす。できるようであれば、209ページの右上のイラストのようにつま先まで伸ばす。
4　スネがピンと張る状態まで思いっきり伸ばしたら、1、2、3、4、5と数える。
5　力を緩めずに、「少しずつ」と唱えながら、ゆっくり、つま先を天井に向ける。
6　ふくらはぎは張った状態のまま、つま先をそらせて顔のほうに向け、1、2、3、4、5と数える。

7　パッとすべての力を抜く。
8　3から7を3回繰り返す。
9　覚醒暗示をしたら目を開ける。

ポイント

どの動作も、できるかぎり力を込めて行ってください。

そうすることで、脳に興奮が強く伝わるからです。

すべての嫌なこと、苦しいこと、悔しかったことを忘れてしまうほどの力を出しきるつもりで行いましょう。

力を緩めるときは、一気に抜きます。すると、ストレスが体からも脳からも一気になくなり、リラックスした良い気持ちになれます。

日頃から弛緩法を意識して行っていると、嫌なことを引きずることがグンと減ります。

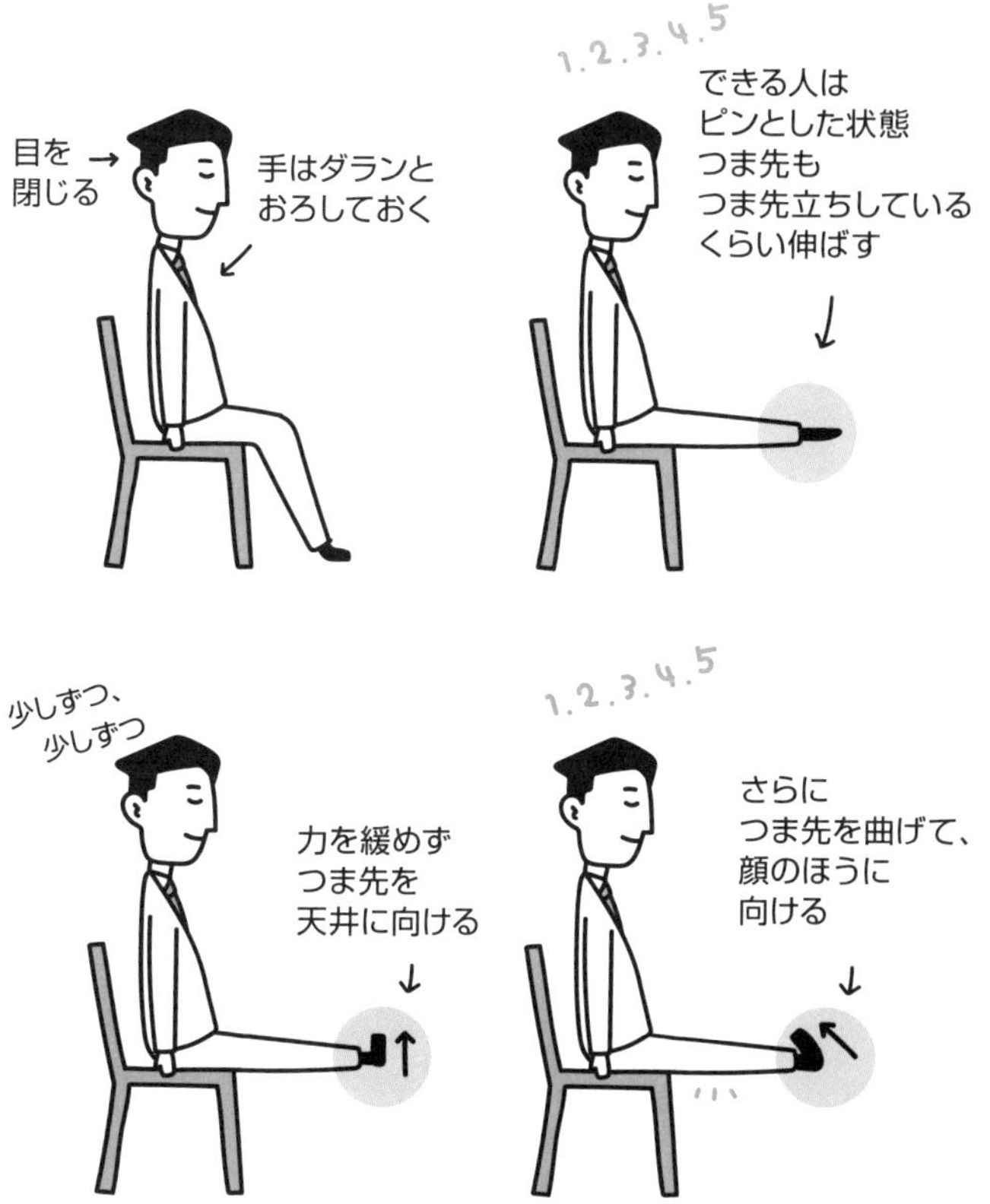
目を閉じる
手はダランとおろしておく
1.2.3.4.5
できる人はピンとした状態つま先もつま先立ちしているくらい伸ばす
少しずつ、少しずつ
力を緩めずつま先を天井に向ける
1.2.3.4.5
さらにつま先を曲げて、顔のほうに向ける

メソッド5 電車の中でできる観念運動を使った自己暗示

観念運動（法）とは、イメージしたことが無意識のうちに体の動きとなって現れる現象のことです。

すっぱいレモンにがぶりとかぶりつくイメージをすると、とたんに口の中に唾液が出てきますよね。これが、観念運動です。

イメージに合った動きが体に現れたら、無意識に暗示が届いたものと認識できます。

暗示を無意識に届けるには、弛緩法を活用して体の緊張を緩めることが大切です。この観念運動をすると認識を生み出すことができるので、弛緩法とセットにして行うことで、より潜在意識に魔法の暗示を届けやすくなります（弛緩法と観念運動法はどちらかだけをやってもいいし、セットにしてやるとより効果的です）。

電車内で行う理由は、電車ならではの揺れ具合が効果的だからです。はじめのうちは、自分の力だけで行うのではなく、電車の揺れなど外からかかる力を利用するといいでしょう。また、決まった時間帯に行うことで、暗示に入る行動をとらなくても自然にスイッチが入るようになるのです。

左右に人がいないこと、安全であることを確かめてから行ってください。なお、乗り物酔いをしやすい人は、自宅で座りながら行うといいでしょう。

パターン1　電車内で座って行う場合

〈手順〉

1　座席に座り、目線の先2〜3メートルくらいのところ、もしくはまっすぐ窓の外の景色を見る（景色は変わりますが、目線を置く位置を決めて、眼球を動かさないようにする）。

2　「まぶたが重い」と自己暗示を心の中で唱えながら、ゆっくりと、まぶたの重みを感じつつ目を閉じる。だんだん、周りの景色がぼやけてくるが、臆せず、しっかり目を閉じるところまで唱え続ける。ある程度閉じると、無意識のうちに一気にまぶたを落としてしまう人が多いので、最後までゆっくりと（繰り返すうちに、暗示を唱えるだけで自然に閉じるようにな る）。

3　まぶたを閉じたら、電車の揺れを感じながら、その揺れに合わせて少しずつ体を揺らす。
4　体が自然と揺れているのを感じたら「揺れれば揺れるほど、気持ちがいい」と心の中で暗示を唱える。なかなか暗示が届かず意識の力で体を揺らしている場合は、「揺れる」と心の中で暗示を唱え続けて、意識を揺れに集中させる（揺れに集中できた時点で自己暗示は成立している。繰り返すうちに、暗示を唱えるだけで自然に揺れるようになる）。
5　自己暗示が成立したと感じたら、「揺れがだんだん小さくなる」または「小さくなる」と心の中で暗示を唱えながら、徐々に揺れ幅を小さくしていく（繰り返すうちに、暗示の力だけで体をもとに戻せるようになる）。
揺れを止めるときは、ブランコの揺れがだんだん止まっていくイメージで。

なかなか暗示が届かず意識の力で体の揺れを止める場合は、「揺れがだんだん小さくなる」または「小さくなる」と心の中で暗示を唱え続けて、意識を体に集中させる（揺れに集中できた時点で自己暗示は成立している。繰り返すうちに、暗示を唱えるだけで自然に揺れるようになる）。
6　揺れがピッタリ止まったら、2から5までを3回繰り返す。
7　覚醒暗示をしたら目を開ける。

〈座っている場合〉

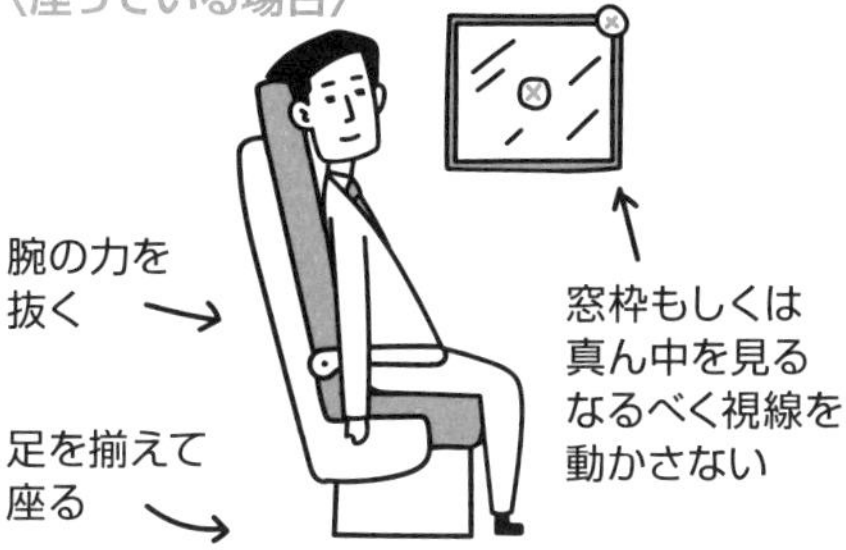
腕の力を
抜く
足を揃えて
座る
窓枠もしくは
真ん中を見る
なるべく視線を
動かさない

〈立つ場合〉

つり革をつかみ、
背筋を伸ばして立つ
腕の力を
抜く
足を揃えて立つ
つま先とかかとを
くっつけて立つ

つり革を見て
なるべく視線を
動かさない

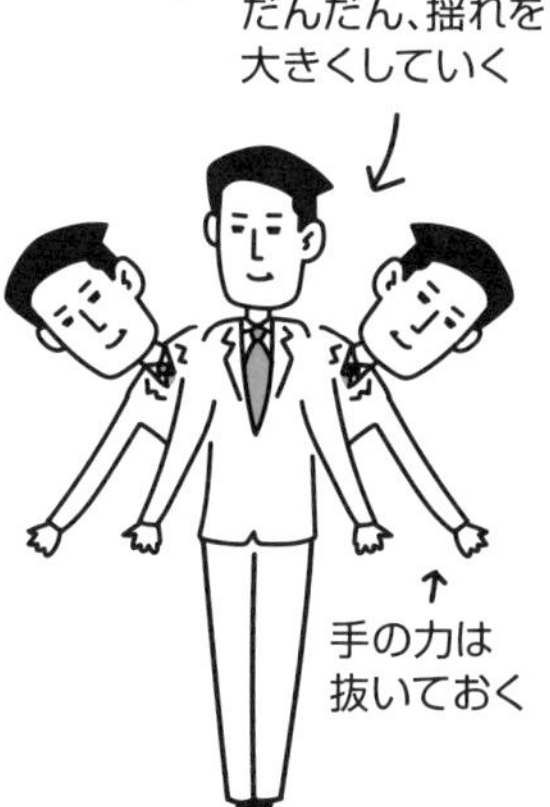
だんだん、揺れを
大きくしていく
手の力は
抜いておく

パターン2　電車内で立って行う場合

〈手順〉

1　つり革をつかみ、つま先を揃えて背筋をまっすぐにする。

2　つり革を握る手をじっと見つめる。もしくは、まっすぐ窓の外の景色を見る（景色は変わりますが、目線を置く位置を決めて、眼球を動かさないようにする）。

3　「電車内で座って行う場合」の《手順》2から5までを3回繰り返す。

4　覚醒暗示をしたら目を開ける。

パターン3　自宅で行う場合

電車内が満員でやりにくい場合は、公園のベンチや自宅のイス、ベッドなどで行うといいでしょう。その場合は、行う時間帯を決めて、同じ時間帯に取り組んでください。

また、自分の声には潜在意識がガードを立てないため、「魔法の暗示のことば」は、声に出したほうが潜在意識に届きやすいので、自宅でするときは声を出して行いましょう。

〈手順〉

1　足を揃え、背筋を伸ばしてイスに座る。

2　目をゆっくり閉じる。

3　体を左右に少しずつ揺らす。だんだん揺れを大きくしながら、「揺れる」（時折、「大きく揺れる」を挟むのも効果的）と自己暗示を声に出して繰り返し唱える（繰り返すうちに、暗示を唱えるだけで自然に揺れるようになる）。

4　大きく揺れれば揺れるほど気持ちがよくなる、と自己暗示する（できるだけ暗示の力だけで左右に大きく揺れる）3と4の違いは、唱えれば唱えるほど、無意識に暗示が届きやすい。体の動きが大きくなるのに合わせて、「大きく、大きく」などの形容詞を入れるとよい。

5　イスから落ちない程度まで大きく揺れたら、「気持ちが落ち着いている」と3度唱える（揺れに一点集中できていて、自然と心の静かさ（落ち着き）を感じたら、そのまま暗示を唱えず8の手順に入ってもOK）。

※揺れの大きさは体の柔軟性や暗示の届きやすさにより人それぞれ違います。

6　一転集中できていると感じたら、だんだんと身体の揺れを小さくしていく。揺れがピタッと止まるまで、「だんだん揺れが小さくなる」と自己暗示を声に出して繰り返し唱える（繰り返すうちに、暗示を唱えるだけで自然に揺れがおさまるようになる)。

7　揺れがピッタリ止まったら、3〜6までを3回繰り返す。

8　覚醒暗示をしたら目を開ける（軽い覚醒暗示をするときは、ギュッと利き腕を握ると同時に目を開ける)。

ポイント

何度も繰り返し唱えるのは、無意識に暗示を届けやすくするためです。これは、繰り返し暗示といい、たったひと言では暗示が届かない人でも、心の無意識に暗示が届きやすくなるため有効です。

また、回数を重ねると、暗示を唱えるだけで無意識に体が揺れ出すようになります。これは、暗示の力とともに条件反射の作用が働くためです。「パブロフの犬」と同じで、体が反応するというわけです。

なお、体に出る反応の大きさには個人差があります。はじめは、暗示に合わせて、意識の力で体を揺らしましょう。そのうちに、無意識で動いてきたら、暗示が無意識に届いている証です。繰り返しますが、唱えていることに一点集中できていればいいので、無意識の動きが出なくても気にせず、淡々と、「揺れる」「大きく揺れる」「小さくなる」と暗示を唱え続けましょう。

暗示の力だけでは、なかなか体が揺れない場合は、不安を覚えるかもしれませんが、体が揺れることが大切なのではありません。「揺れる」と唱える行為そのものに、意識を集中させることが大事なのです。それができれば、自己暗示として成立します。

焦らず、続けてください。いつしか、無意識のうちに体が揺れるようになっているはずです。

メソッド6
SNS対策に効く自律訓練法を使った自己暗示

人のSNSを見たくなったときや、ついネットサーフィンをしてしまうときに行う自己暗示のメソッドです。

自律訓練法は、ドイツの精神科医シュルツ博士により考案されたリラクゼーション技法です。心身症、神経症・ストレスの緩和に効果があります。

営業の仕事は、人間関係のストレスを溜め込みやすいという特徴があります。ストレスが溜まりすぎると、一点集中できません。用もないのにスマホを取り出して、ネットサーフィンをしたり、動画を見たくなったりと、ストレス解消のための行動をとりたくなってしまいます。

この自律訓練法で心の洗濯を常日頃からやっておきましょう。そうすることで、魔法の暗示が心の無意識に届きやすい状態がつくれます。

暗示は、基本的に声に出して行います。暗示は声に出して唱えるほうが、心に届きやすいからです。また、声に出さなくてよいものについては、「心の中で唱える」と記しています。

〈手順〉

1　スマホを握っている手、（またはパソコンのキーボードを打つ手）に意識を向ける（親指のツメや付け根の部分）。

2　一点（スマホを持つ手の親指のツメや付け根の部分）を見続けたまま、「右腕が重い」と、実際に重たく感じるようになるまで繰り返し唱える（無意識は主語を意識しないので、「重い」だけでもOK）。重さを感じない場合は、30秒ほど唱え続ける。なお、唱えることに一心になれていたら重さを感じなくても集中できていると判断してよい。

3　「気持ちが落ち着いている」と3回暗示を繰り返す。

4　「左腕（スマホを持っていない側の手）が重い」と、実際に重たく感じるようになるまで繰り返し唱える（具体的に「肩から手の先まで重い、重い」としてもOK）。重さを感じない場合は、30秒ほど唱え続ける。なお、唱えることに一心になれていたら重さを感じなくても集中できていると判断してよい。

5　「気持ちが落ち着いている」と3回暗示を繰り返す。

6 右足（左足からでもいい）に意識を向けて「右足が重い」と暗示をする。重さを感じるまで、もしくは30秒唱える。

7 「気持ちが落ち着いている」と3回唱える。

8 左足（左足から始めた場合は右足）についても同じように「左足が重い」と暗示をする。重さを感じるまで、もしくは30秒唱える。

9 「気持ちが落ち着いている」と3回唱える。

10 「右腕が温かい」と実際に温かさを感じるまで、もしくは30秒唱え続ける。

11 「気持ちが落ち着いている」と3回唱える。

12 「左腕が温かい」と実際に温かさを感じるまで、もしくは30秒唱え続ける。

13 「気持ちが落ち着いている」と3回唱える。

14 「右足が温かい」と実際に温かさを感じるまで、もしくは30秒唱え続ける。

15 「気持ちが落ち着いている」と3回唱える。

16 「左足が温かい」と実際に温かさを感じるまで、もしくは30秒唱え続ける。

17 「気持ちが落ち着いている」と3回唱える。

親指の付け根、
もしくはツメに
視線を集中させる

親指の付け根、
もしくはツメに
視線を集中させる

18 心の中で暗示を唱える（声に出さずに暗示）。のどが太くなるイメージで、「呼吸がとってもしやすい」と30秒心の中で暗示（呼吸器に疾病がある場合は省く）。

19 「気持ちが落ち着いている」と3回唱える（呼吸器に疾病がある場合は省く）。

20 心臓が規則正しく鼓動している、と声に出して30秒唱え続ける（心臓に疾病がある場合は省く）。

21 「気持ちがとっても落ち着いている」と3回唱える（心臓に疾病がある場合は省く）。

22 「お腹が温かい」と30秒唱える（お腹の調子が悪い場合は省く）。

23 「気持ちが落ち着いている」と3回唱える。

24 「額に冷たい風があたっている」と30秒唱える。

25 「気持ちがとっても落ち着いている」と3回唱える。

26 覚醒暗示を行う。

ポイント

自己暗示をしていて気持ちが良くなった場合は、すぐに覚醒せず、その気持ち良さを味わい続けましょう。無意識が、気持ちが良い状態をつくることを習慣にできると、いつも心がリラックスできていて、魔法の暗示が届きやすい状態であり続けられます。

時間がないときは、「右手が重い」だけを行います。〈手順〉1〜3を行い、覚醒暗示をするだけでＯＫ。

身体感覚は人それぞれなので、重たさはわかるけど、温かさはわからない、など、反応にも個人差が出ます。体の反応が出なくても気にしないでください。自己暗示と覚醒暗示を何度も繰り返すうちに、反応は次第に出てきます。

「自己暗示って、このやり方でいいのか」「腕が重くなった気がするけど、次に進んでいいのか」など、不安に襲われても、まずは手順どおり、やりきってください。回数を重ねるごとに、一点集中状態をつくりやすくなります。

すると、普段の生活の中で、決断に迷わなくなったり、集中力を発揮できたり、アイデアが数多くひらめいたりと効果が現れてきます。

メソッド7

テレアポの効果を高める観念運動を使った自己暗示

暗示を繰り返し唱え続けることで、連続した無意識の動きを引き出すのが連続観念運動による自己暗示です。

多くの営業マンが苦戦するテレアポは、一点集中状態で行うことで作業中のストレスを大幅に減らすことができます。また、自己暗示のやり方をテレアポに取り入れることで、質が高まり、テレアポがうまくいかず面談先がない、という困った状況も起きにくくなります。

このメソッドは、91ページでお話しした、「恐怖突入」を使います。ここでは、「つらい」「悲しい」「苦しい」といった感情が湧いてきても、「15分間はテレアポをやりきること」を「恐怖」と設定して行います（相手が長く話したり、相手から相談を持ちかけられたりしたときは、その時間を含む）。

なお、15分間テレアポし続けることができるようになったら、さらに15分間プラスしましょう。

〈手順〉

1　テレアポ活動でルーティン化している行動を一つひとつ細かく白紙に書き出す（227ページ一覧参照）。

2　書き出した行動のうち、相手の反応に影響されることなく進められる行動に青い蛍光ペンでマークする。相手の反応によってこちらの感情が強く揺さぶられる行動には、赤い蛍光ペンでマークする。そうすることで、相手の反応に対して相槌を入れる行動以外は、こちらのペースでやれることがわかる。

3　赤で印をつけた行動をした後に、湧いてくる感情、主に、これまでの経験から湧いてきた負の感情をすべて白紙に書き出す。

・しゃべっている最中に電話を切られて「つらかった」
・相手の迷惑そうな返答に気がついて「悲しかった」
・何人もの人に断られ続けて「苦しかった」　など

4　「恐怖突入」の「恐怖」を設定する。

5　目を閉じて、テレアポのイメージトレーニングをする。3で書き出した、すべての嫌なことも、イメージ内で体験する。つらい、悲しい、苦しいなどといった感情も体感し、続けられないほど、つらくなったらそこでイメージを止める。

6　自己暗示（メソッド3から5）を一つ行い、テレアポのイメージトレーニングを再開する。つらくなったらイメージを止め、また自己暗示を行う。これを繰り返し、電話を切るところ（最後）までたどり着けるようにする。

7　最後までイメージトレーニングできるようになったら、「テレアポを15分間やりきる」と決め、タイマーをセットして15分間一心にテレアポし続ける。〈恐怖突入〉

8　15分間やりきったら軽い覚醒暗示を行う。

9　魔法の暗示を行う。目を閉じ、「よくできた」と10回以上唱える。声に出さなくてもいい。

ポイント

一つひとつの行動に意識を向けて取り組むことによって、その行動に没頭し、不要な感情が消え、意識狭窄状態（ゾーンやフローの状態）に入ることができます。

自己暗示は、意識と無意識を一致させるために行うものなので、同じ行動を繰り返すテ

テレアポのルーティン化した行動を書き出した例

・受話器を握る
↓
・受話器を耳にあてる
↓
・ダイヤルボタンを押す
↓
・受話器からコール音が聞こえる
↓
・決めたスクリプトどおりにしゃべる
↓
・相手の反応に対して相槌を入れる
↓
・感謝の言葉を伝える
↓
・相手が受話器を置く音を確認する
↓
・受話器を戻す
↓
・話した内容を記録する
↓
・受話器を握る（再度繰り返し）

など

レアポなどの営業行動の上達のために活用することができます。

同じ行動を繰り返して、一点集中状態をつくり出す方法を、自己暗示では、「連続観念運動法」といいます。できる範囲で時間を決めて一つの行動を繰り返すうちに、心が一点集中状態に変わり、集中力、アイデア力、記憶力がアップして、営業成果がもっと出せるようになります。

テレアポには、事前準備が欠かせません。自己暗示中であっても、それは変わりません。しっかりと準備をしましょう。

一つひとつの行動の書き出しを見返すと、準備不足がなくなります。

行動量ノート
行動を
書き出した
メモ
15分に
セットした
タイマー
15:00
15分間、
最後まで
やりきる

メソッド8 飛び込み営業がうまくいく観念運動を使った自己暗示

飛び込みで営業をするときに活用する自己暗示です。

飛び込みが一点集中状態でできるようになると、対人間関係に自信が持てますし、初対面やプレゼンの場で堂々と話せるようになります。仕事力もグンと高まります。

このメソッドも、91ページでお話しした、「恐怖突入」を使います。ここでは、「つらい」「悲しい」「苦しい」といった感情が湧いてきても、「15分間は飛び込み営業をやりきること」を「恐怖」と設定して行います。

なお、15分間飛び込み営業し続けることができるようになったら、さらに15分間プラスしましょう。

〈手順〉

1　飛び込み営業でルーティン化している行動を一つひとつ細かく書き出す。

飛び込み営業をルーティン化した行動の例

・インターフォンを見る
↓
・インターフォンのボタンを確認する
↓
・ボタンを押す
↓
・インターフォンの呼び出し音が聞こえる
↓
・インターフォン越しに返事が聞こえる
↓
・あいさつをして名乗る
↓
・名刺を取り出して相手が出てくるのを待つ
↓
・出てきた相手に笑顔でおじぎをする
↓
・あいさつをして名刺を渡す
↓
・相手のしぐさと言葉を目と耳で確認する
↓
・相手のしぐさと言葉に合わせて行動する
↓
・お礼を言って深く頭を下げる

など

2 書き出したら、相手の反応に影響されることなく進められる行動に青い蛍光ペンでマークする。相手の反応によってこちらの感情が強く揺さぶられる行動には、赤い蛍光ペンでマークする。

3 赤で印をつけた行動をした後に、湧いてくる感情、主に、これまでの経験から湧いてきた負の感情をすべて白紙に書き出す。そうすることで、多くのことが、こちらのペースでやれることがわかる。

4 赤で印をつけた行動の後に、湧いてくる感情をすべて書き出す。

・あいさつをしてもあいさつを返してもらえず「つらかった」
・相手の迷惑そうな表情を見ていると「悲しかった」
・何人もの人に断られ続けて「苦しかった」　など

5 「恐怖突入」の「恐怖」を設定する。

6 目を閉じて、飛び込み営業をしているイメージトレーニングをする。3で書き出した、すべての嫌なことも、イメージ内で体験する。つらい、悲しい、苦しいなどといった感情も体感し、続けられないほど、つらくなったらそこでイメージを止める。

7 自己暗示（メソッド3から6）を一つ行い、飛び込み営業のイメージトレーニングを再開す

タイマーを
15分にセット
15:00
（決めたことを）
最後までやりきる
と言い聞かせる
イメージする
深呼吸する
タイマーを
スタートさせ
インターフォンを押す

る。つらくなったらイメージを止め、また自己暗示を行う。これを繰り返し、訪問先の門・建物の入り口を出るところ（最後）まで、イメージがたどり着けるようにする。

8　最後までイメージトレーニングできるようになったら、「飛び込み営業を15分間やりきる」と決め、タイマーをセットし、15分間一心に飛び込み営業をし続ける（相手が出てきて話をしてくれた時間も含む）。〈恐怖突入〉

9　15分間やりきったら軽い覚醒暗示を行う。

10　魔法の暗示を行う。目を閉じて「よくできた」と10回以上唱える。声に出さなくてもいい。唱え終えたらゆっくりと目を開ける。

ポイント

暗示は声に出したほうがベストですが、営業先の前なので、心の中で唱えてもかまいません。また、飛び込み営業中に不安になったら、「大丈夫」「できる」など、「魔法の暗示のことば」を心の中で唱えるといいでしょう。スッと心が落ち着いて、一点集中状態になれます。

事前準備が必要なのはテレアポのときと同じです。行動を始めてから必要なものを探すと意識がとぎれ、無意識も働かなくなり（目的に向けての行動をしなくなり）、自己暗示の効果が下がってしまいます。意識と無意識が一致した状態で行うことで、感情に負けることも勝ちすぎることもなく、平静を保ちながら行動できます。

飛び込み営業先の相手が出てきて話をしてくれた場合は、一心に話を聴きましょう（この時間も15分間に含めます）。そうすることで、相手の心をこちらに向けることができて成果につながります。

ことごとく断られても、15分間やりきりましょう。最後まで連続した行動をし続けることで、心に一点集中状態をつくることができ、自己暗示は成立します。次の営業活動に移ったときに一心に取り組めて大きな成果につなげられます。

テレアポや飛び込み営業は、断られることも少なくなく、気持ちに負担がかかることも多いものです。

だからこそ、心が折れそうなときは自己暗示をして、最後までやりきったら魔法の暗示で自分をほめてください。

自己暗示をやってみたけれど、「このやり方で合っているのかなぁ」と不安になることもあるでしょう。そんなとき、自己暗示を味方にして、営業成績をアップさせることができている人たちは、このように考えます。

「大丈夫！　きっとうまくいく」

目の前の一つの行動に心（意識）を向けることができているのなら、あなたの自己暗示はうまくいっています。大丈夫です。

一方で、なかなか不安な気持ちから離れられないとしても、「今、不安を感じていたな。でも、そんな自分を許します」と、その状況を受け止め、唱えることができたら、あなたの自己暗示も心にしっかり届いています。だから大丈夫です。

最初から、上手に自己暗示ができるわけではありません。誰もが、何度も繰り返していくことで、だんだんとコツが身につき、自己暗示ができるようになっていきます。はじめのうちは、練習として、どんどん試していきましょう。

＊＊＊

うまくいっているかどうかは、「魔法の暗示のことば」が、無意識に出てくるかどうかでわかります。

まずは21日間、「魔法の暗示のことば」を唱え続ければ、あなたの営業人生の扉は大きく開かれるはずです。

おわりに

変わることができた人は皆、「魔法の暗示のことば」を唱え続けています。

「魔法の暗示のことば」は、営業人生ばかりか、人生そのものを好転させる力を持っています。

本書と出会い、無意識に言葉を届ける手段を知りえた今のあなたなら、その力を存分に発揮し、あなたならではの営業人生が実現できます。


本書の冒頭でお釈迦様のお話を書きました。

お釈迦様は、今から約2500年前に、人々の人生を開くために尽力をしたお方です。周りを変えようとするのではなく、自分が、まず変わることを実践していた方ともいえます。

お釈迦様の言葉を伝承した菩薩が使う、人々を癒すための言葉、やさしく人々を導くために使う言葉は「愛語」と親しまれ、多くの人々の人生を開き続けてきました。

営業における「愛語」が「魔法の暗示のことば」です。

私自身も「できる」「大丈夫」「感謝」と、「魔法の暗示のことば」を唱え続けて、潜在意識に届けたからこそ、大きな成果を上げられて、長く、感謝と感動に満たされることができました。

まずは深呼吸から始めてみましょう。深呼吸をすることが当たり前になったら、自己暗示、「魔法の暗示のことば」を一緒に唱えてみましょう。

無意識に、「魔法の暗示のことば」が口から飛び出すようになれば、あなたの営業人生は確実に開きます。

営業の仲間であるみなさまに、営業で、たくさんの感動と感謝を味わってほしい。

営業力があることを自信に変えて、人生の成功をつかみ取ってほしい。

そんな思いを込めて、本書を書きました。

最後まで読んでいただき、心より感謝申し上げます。ありがとうございます。

また、本書執筆にあたり、多くの助言をくださったあさ出版のみなさまに、心より感謝申し上げます。ありがとうございました。

感謝、感謝、感謝。

中島　英樹

著者紹介

中島英樹（なかしま・ひでき）

営業コンサルタント

日本催眠誘導研究学会認定技術者・セラピスト

福岡県出身。大学を卒業後、銀行に入行。新人で銀行全店1位を獲得。特進で主任に昇格。9年後に銀行を円満退社するまで、諸項目11個のノルマをすべて達成し続け、さらにトップランキングを維持し続けた。2011年から2年間にわたり、上級催眠術の技法および催眠療法を学び、その過程で、「自己暗示営業術」を確立。ネガティブ暗示漬けとなってサジを投げられた営業マンをことごとく「売れる営業マン」へと変身させてきた。再現性・即効性十分の「自己暗示営業術」は心と成果が激変するセッションとして好評を得ている。

営業《えいぎょう》は「自己暗示《じこあんじ》」でうまくいく

〈検印省略〉

2021年　6　月　28　日　第　1　刷発行

著　者――中島 英樹（なかしま・ひでき）

発行者――佐藤 和夫

発行所――株式会社あさ出版

〒171-0022　東京都豊島区南池袋 2-9-9 第一池袋ホワイトビル 6F

電　話　03 (3983) 3225 (販売)

03 (3983) 3227 (編集)

F A X　03 (3983) 3226

U R L　http://www.asa21.com/

E-mail　info@asa21.com

印刷・製本　神谷印刷（株）

note　http://note.com/asapublishing/

facebook　http://www.facebook.com/asapublishing

twitter　http://twitter.com/asapublishing

ISBN978-4-86667-274-8 C2034